지구촌 풍속 기행 2

지구촌 사람들의
별난 건축
이야기

글 신현수

이화여대 국문과를 졸업했습니다. 오랫동안 신문기자로 일했고, 2001년 샘터상에 동화 〈생각하는 자전거〉가, 2002년 여성동아 장편소설 공모에 〈끝이 없는 길은 없다〉가 당선되어 글을 쓰기 시작했습니다. 작품집으로는 《어린이 국보 여행》 1, 2, 3, 4권, 《옛날 사람들은 어떤 그림을 그렸을까?》 등이 있습니다.

그림 박정인

서울대 디자인학부를 졸업했습니다. 작품집으로는 《달걀과 밀가루 그리고 마들렌》 《입장 바꿔 생각해봐》 《쓰레기의 소원》 등이 있습니다. 또 〈리움 – 백남준에 대한 경의展〉, 삼성어린이박물관 〈음악전시관〉 및 〈평화상상놀이터〉 일러스트 작업을 하기도 했습니다.

지구촌 풍속 기행 2
지구촌 사람들의 별난 건축 이야기

2010년 5월 15일 초판 1쇄 발행
2019년 6월 30일 초판 12쇄 발행

지은이 | 신현수
그림 | 박정인

펴낸이 | 정동훈
편집전무 | 장정숙
펴낸곳 | (주)학산문화사
등록 | 1995년 7월 1일 제3-632호
주소 | 서울시 동작구 상도로 282 학산빌딩
전화 | 편집문의 828-8872~3, 주문전화 828-8985
팩스 | 816-6471(편집부), 823-5109(영업부)

편집 | 송미진, 김상범
디자인 | dnb_손수연
마케팅 책임 | 최낙준
마케팅 | 김관동, 이경진, 심동수, 고정아, 고혜민, 서행민
제작 | 김장호, 김종훈, 정은교, 박재림

ⓒ신현수, 박정인 2010
ISBN 978-89-258-4889-1 73610

※KC마크는 이 제품이 공통안전기준에 적합하였음을 의미합니다.
※이 책은 저작권법에 따라 한국 내에서 보호받는 저작물이므로 무단 전재와 무단 복제를 금합니다. 이 책의 전부 또는 일부를 이용하려면 반드시 저작권자와 출판사의 동의를 받아야 합니다.
※잘못된 책은 바꾸어 드립니다.

지구촌 사람들의 별난 건축 이야기

지구촌 풍속 기행 2

신현수 글 박정인 그림

채우리

머리말

역사와 문화가 담긴 세계의 모든 '집' 이야기

초등학생 시절, 학교 공부가 끝나면 나는 집에 갈 생각에 마음부터 들썩거렸어요.

가족의 포근한 냄새가 배어 있는 집, 내가 좋아하는 만화책이며 종이 인형이 책상에 얌전히 놓여 있는 집, 엄마가 찐빵이며 감자 따위를 쪄 놓고 기다리고 있는 집······. 그래서 교문을 나서자마자 집을 향해 친구들과 내기하듯 줄달음을 놓곤 했어요.

어른이 된 지금도 마찬가지예요. 외출을 했다가도 저녁이면 얼른 돌아가 쉬고 싶은 곳, 여행이라도 갔다 치면 괜스레 그리워지는 곳이 바로 집이니까요. 아마 여러분도 나랑 똑같을 거예요.

그런데 '집'이란 정확히 어떤 곳을 뜻할까요? 국어사전에서 한번 '집'이란 단어를 찾아보세요.

'사람이나 동물이 추위, 더위, 비바람 따위를 막고 그 속에 들어 살기 위하여 지은 건물', '가정을 이루고 생활하는 집안'이라고 뜻풀이가 되어 있을 거예요.

보통 우리가 '집'이라고 할 때는 이 두 가지 뜻이 다 포함돼 있어요. 우리를 안전하게 보호해

주는 곳이자, 가족과 함께 먹고 자고 쉴 수 있는 편안한 보금자리이니까요. 바로 이런 곳이기에 우리는 '집'이란 단어만 떠올려도 마음이 포근해지는 것일 테고요.

하지만 첫 번째 뜻풀이에 있듯이 '집'은 꼭 가족과 지내는 공간만 뜻하지는 않아요. 넓게 보면 세상에 있는 모든 건물이 하나의 집인 셈이에요. 그래서 신을 모신 신전, 종교적 건물인 교회나 성당, 운동경기를 하는 경기장, 예술과 문화를 즐기는 공연장과 박물관, 많은 사무실이 모인 빌딩도 모두 '집'에 속해요. 또 왕과 황제가 살던 궁전도 하나의 커다란 집이고, 고인돌이나 피라미드는 '영혼의 집'이라고 할 수 있지요.

이 책에서는 바로 이러한 세계의 모든 집에 관한 이야기를 다루고 있어요.

우선 우리 인류의 집의 역사를 사진을 중심으로 소개하고 있어요. 먼 옛날, 원시인들이 살던 동굴집에서부터 시작해 오늘날 하늘 높이 치솟은 아파트와 초고층 빌딩에 이르기까지 말이에요.

이와 함께 이 책에서는 마사이족의 쇠똥집, 몽골족의 게르, 이누이트족의 이글루, 우리나라의 기와집과 초가집처럼 세계 여러 나라의 독특한 전통집을 선보이고 있어요. 전통집은 나라와 민족, 풍습과 문화, 자연환경에 따라 다 다르거든요. 세계의 전통집에는 저마다 재미난 이야기가 얽혀 있기도 하고요.

이 책을 보고 나면 우리에게 '집'이 얼마나 소중하고 귀한 공간인지 알 수 있을 거예요. 인류의 역사는 모두 '집' 속에서 이뤄졌으니까요. 또 세계 여러 나라의 전통집에는 그런 집이 탄생할 수밖에 없었던 깊은 까닭과 이야기가 담겨 있다는 것도 알 수 있을 거예요.

2010년 5월 신 현 수

차례

동굴집에서 초고층 빌딩까지 인류의 집

1. **원시 인류의 집** 동굴집에서 흙벽돌집까지 _ 8
2. **영혼이 쉬는 집** 고인돌, 피라미드, 왕릉 _ 10
3. **신을 모시는 집** 신전 _ 12
4. **종교의 집** 성당, 교회, 절, 문묘, 모스크 _ 14
5. **황제와 왕이 살던 집** 궁궐 _ 18
6. **하늘 높이 솟은 마천루** 초고층 빌딩 _ 20

아프리카 마사이족 쇠똥으로 지은 집이 최고야! 22
　지구촌 이런 집 · 미국 나바호 인디언의 진흙집, 호건 _ 26

터키 카파도키아 뾰족 바위 속에 동굴집이 있다고? 28
　지구촌 이런 집 · '꾸에바'와 '야오둥'이 뭘까? _ 32

몽골 고원의 몽골족 유목 생활엔 게르가 안성맞춤 34
　지구촌 이런 집 · 북아메리카 인디언의 텐트, 티피 _ 38

북극의 이누이트 족 얼음집 이글루는 정말 따뜻해 40
　지구촌 이런 집 · 세계에서 가장 큰 이글루, 스웨덴의 얼음 호텔 _ 44

티티카카 호수의 우루족 갈대섬 위에 지은 갈대집 46
　지구촌 이런 집 · 부자 왕국 브루나이의 고급 수상 가옥 _ 50

인도네시아 수마테라바라트 지붕 끝이 왜 물소 뿔처럼 우뚝 솟았을까? 52
　지구촌 이런 집 · 나무 위의 집은 안전하고 시원해 _ 56

이탈리아 알베로벨로 검정 고깔모자를 쓴 하얀 돌집, 트룰로 58
　지구촌 이런 집 · 하란의 흙집은 트룰로와 쌍둥이? _ 62

일본 시라카와고와 고카 산 눈이 많이 와도 끄떡없는 갓쇼즈쿠리 64
　지구촌 이런 집 · 러시아의 전통 통나무집 이즈바 _ 68

그리스 산토리니 섬 화산섬 절벽 위에 눈부시게 하얀 집들이! 70
　지구촌 이런 집 · 스페인 키시레스, 언덕 위의 하얀 집 _ 74

중국 베이징 정원을 삥 둘러싼 네모난 집, 사합원 76
　지구촌 이런 집 · 중국 그림 속의 마을, 홍춘의 전통집 _ 80

미국 타오스 흙벽돌로 지은 인디언들의 아파트, 푸에블로 82
　지구촌 이런 집 · 중국 객가족의 공동주택, 토루 _ 86

안동 하회마을 조선 시대 기와집과 초가집이 한곳에 88
　지구촌 이런 집 · 충효당을 통해 보는 조선 시대 양반들의 기와집 _ 92
　　　　　우리나라의 여러 가지 전통집 _ 94

찾아보기 97

1 원시 인류의 집

동굴집에서 흙벽돌집까지

인류는 언제부터 집을 짓고 살았을까요?

문명이 발달하지 않은 원시 시대, 인류의 첫 조상들은 이리저리 떠돌며 사냥을 하거나 나무 열매를 따 먹으며 살았어요. 그때는 더위나 추위, 비바람과 눈을 피해 동굴이나 바위틈에 몸을 숨기는 게 고작이었지요.

인류가 동굴에 살았던 흔적은 스페인의 알타미라 동굴 벽화, 프랑스의 라스코 동굴 벽화에 남아 있어요. 우리나라에서는 충북 청원군 두루봉 흥수굴, 북한 평남의 상원 용

▶ **신석기 시대 움집 유적, 암사동 선사 주거지**

신석기 시대의 움집터가 있는 유적지예요. 서울시 강동구 암사동에 있는데, 지금으로부터 약 6,000년 전에 우리 조상들이 살았던 움집을 옛 모습대로 꾸며 보여 주고 있어요. 땅 밑으로 약 50~100cm의 구덩이를 파고 둘레에 기둥을 세워 원뿔형의 지붕을 얹은 모습이에요.

▲ 동굴집의 흔적, 알타미라 동굴 벽화
스페인 북부 칸타브리아 주에 있는 알타미라 동굴의 천장과 벽에 그려진 그림이에요. 말, 들소, 사슴 등이 여러 색깔로 그려져 있어 원시 시대 사람들의 사냥 방법을 미루어 짐작할 수 있어요. 또 이를 통해 원시 시대 사람들이 동굴에 살았을 것이라고 추측할 수도 있지요.

▲ 라스코 동굴 벽화
프랑스 도르도뉴 몽티냐크 마을에 있는 라스코 동굴에 그려진 벽화예요. 밝은 바탕에 여러 가지 색으로 거대한 들소, 고라니, 황소, 말 등이 생생하게 그려져 있어요. 기원전 3만 5천~1만 년 사이에 원시인들이 동굴에 머물며 그린 그림일 것으로 짐작돼요.

곡 동굴 등에서 찾을 수 있고요. 그 뒤 인류는 동물의 뼈나 뿔, 돌을 갈아 도구를 만들고 불을 피울 수 있게 되었어요. 농사를 짓고 동물을 기르는 방법도 알게 되었지요. 사람들은 더 이상 먹을 것을 찾아 이리저리 떠돌 필요가 없게 되었어요. 이때부터 인류는 오랫동안 머물러 살 수 있는 집을 짓기 시작했어요.

인류가 처음에 지은 집은 움집이었어요. 땅에 구덩이를 파고 굵은 나뭇가지로 기둥과 뼈대를 둥글게 세운 뒤 마른 풀과 잎사귀를 덮은 집이었지요.

그러니 움집은 튼튼하지 않아 눈비가 오면 젖고 바람이 불면 날아가기까지 했어요. 그러자 사람들은 흙을 반듯하게 빚어 햇볕에 바짝 말린 뒤 쌓거나, 돌을 다듬어 집을 짓기 시작했어요.

하지만 흙을 빚어 말린 돌도 비가 오면 젖고 무너지기 쉬웠어요. 그러자 이번엔 흙을 빚어 불에 구운 단단한 벽돌이나 기와로 집을 짓기 시작했어요.

그 뒤 인류는 여러 가지 재료로 여러 가지 쓰임새가 있는 다양한 집을 짓고 살게 되었어요.

② 영혼이 쉬는 집

고인돌, 피라미드, 왕릉

우리는 모두 집에서 살아요. 집이 없다면 편안히 쉴 수도 없고, 가족과 함께 생활할 수도 없을 거예요.

그러나 집은 꼭 살아 있는 사람들만을 위한 공간은 아니에요. 죽은 사람을 위한 영혼의 집도 집이라고 할 수 있어요.

원시 시대 사람들은 사람이 죽으면 그냥 들판이나 강가에 버려 두었어요. 그러다가 농사를 짓고 한곳에 머물러 살게 되면서부터 죽은 사람을 위한 집도 짓기 시작했어요.

특히 부족들이 모여 사는 마을이 생겨나고 부족과 부족이 합쳐진 나라가 탄생하면서, 마을마다 나라마다 큰 힘을 가진 지도자가 나타났어요. 사람들은 지도자가 살아 있을 때는 물론이고,

▲ 고구려왕이 묻힌 장군총

중국 지린성 지안현에 있는 무덤이에요. 화강암을 정성껏 다듬어 7단의 피라미드형으로 쌓았는데 4~5세기에 만들어진 것으로 추측돼요. 이 무덤의 주인은 고구려 19번째 왕인 광개토 대왕과 20번째 왕인 장수왕이라는 두 가지 이야기가 있으나, 무덤 안의 유물을 모두 도둑맞아 어느 것도 확실하지는 않아요.

◀ 우리나라는 고인돌의 왕국

고인돌은 청동기 시대에 만들어진 거대한 돌무덤이에요. 우리나라는 전세계 고인돌의 절반 정도가 모여 있어 '고인돌의 왕국'으로 불린답니다. 전북 고창과 전남 화순, 인천 강화의 고인돌 유적지가 유명해요.

죽어서도 마을과 나라를 지켜 줄 거라고 생각했어요. 그래서 지도자가 죽으면 고인돌과 피라미드, 왕릉 같은 '영혼의 집'에 모셨어요. 죽은 이의 영혼이 편안한 집에서 쉬면서 마을과 나라를 영원토록 지켜 주기를 바란 거예요.

우리나라를 비롯한 세계 곳곳에서 볼 수 있는 고인돌과 피라미드, 왕릉 등은 바로 그러한 '영혼의 집'이에요.

▶ **이집트 파라오의 거대한 무덤, 쿠푸왕 피라미드**
이집트의 수도 카이로 근처의 기자에 있는 쿠푸왕의 무덤이에요. 고대 이집트의 왕인 파라오들은 살아 있을 때부터 돌이나 벽돌을 쌓아 만든 커다란 무덤을 지었는데, 이를 피라미드라고 해요. 그 중 쿠푸왕 피라미드가 가장 크고 유명해요. 230만 개나 되는 화강암을 쌓아 만들었어요.

▼ **사랑하는 왕비를 위해 지은 타지마할**
인도 우타르프라데시 주 아그라에 있는 궁전 형식의 화려한 무덤이에요. 무굴 제국의 황제 샤 자한이 14번째 아이를 낳다가 죽은 사랑하는 왕비를 기리기 위해 1632~1653년에 지었어요. 순백색의 대리석을 잘라 만든 타지마할은 정말 화려하고 아름다워요.

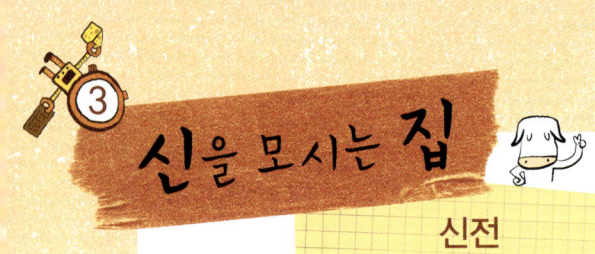

③ 신을 모시는 집
신전

　옛날 사람들은 하늘에 있는 신이 자신들을 지켜 준다고 생각했어요. 그래서 마을이나 도시 한가운데의 평평한 땅에 높고 웅대한 신의 집, 즉 신전을 만들었어요.

　신전은 땅에 있는 사람과 하늘에 있는 신을 이어 주는 절대적이고도 신성한 공간이었어요. 그래서 한 도시, 한 나라의 사람들을 하나로 뭉치게 하는 역할을 했어요.

　영국의 스톤헨지는 신전의 시초라고 알려져 있어요. 또 고대 그리스와 로마 제국, 이집트 왕국에서도 저마다 신전을 세워 나라가 평안하고 부강해지길 기원했어요.

　우리나라의 종묘는 신전은 아니지만, 조선왕조를 다스린 역대 왕들의 위패를 모시고 제사를 올리는 신성한 공간이라서 서양의 신전과 맞먹는다고 할 수 있어요. 또 마을을 지키는 수호신을 위해 마을마다 세운 서낭당도 작은 신전이라고 할 수 있지요.

▲ **조선왕조의 혼이 숨쉬는 종묘**

조선 역대 왕과 왕비들의 신주를 모시고 나라에서 가장 큰 제사를 지내던 곳이에요. 서울 종로구 훈정동에 있어요. 조선왕조의 장엄한 제례 문화를 보여 주는 곳이자, 왕이 백성들에게 효의 모범을 보여 주던 상징적인 곳이에요. 장엄하면서도 아름다워 '동양의 파르테논 신전'으로 불려요.

▶ **신전 중의 신전, 파르테논 신전**

그리스 아테네의 아크로폴리스 언덕에 있는 신전이에요. 기원전 5세기경 아테네를 수호하는 여신이자 '지혜의 신'인 아테나 여신을 위해 세웠어요. 대리석으로 지은 이 신전은 지금까지 남아 있는 고대 그리스의 건축물 가운데 가장 유명하고, 신전에 장식된 조각품들은 그리스 예술의 으뜸으로 평가돼요. 그래서 '신전 중의 신전'으로 불리지요.

◀ **절벽을 깎아 만든 아부심벨 신전**

절벽을 깎아 만든 두 개의 암굴 신전으로, 이집트 누비아 지방 나일강 서쪽 기슭에 있어요. 이집트 역사상 가장 위대한 왕으로 꼽히는 람세스 2세가 기원전 1,250년경 신을 경배하기 위해 자신과 왕비의 이름으로 만든 거예요. 1960년대 초, 근처의 아스완 댐 건설 공사로 아부심벨 신전이 물에 잠길 위험에 처하자, 유네스코와 이집트 정부는 원래 자리보다 70m 높은 곳에 두 신전을 끌어올려 놓았어요.

④ 종교의 집

성당, 교회, 절, 모스크

고대 사회가 지나고 중세가 되자 서양에서는 기독교와 이슬람교가 세상을 지배하기 시작했어요. 또 동양에서는 불교와 유교를 떠받들게 되었고요.

그러자 종교를 위한 집이 세계 곳곳에 세워졌어요. 기독교를 믿는 나라에서는 성당과 교회를 지었고, 불교를 숭배하는 나라들은 절을 세웠어요. 이슬람교 국가에서는 이슬람 사원인 모스크를 건축했고요.

중국 등 유교를 숭배하는 나라에서는 유교를 창시한 공자를 위한 집을 지었어요.

우리나라는 불교가 성행한 통일신라 시대와 고려 시대에는 절을 많이 지었고, 유교를 숭배한 조선 시대에는 집집마다 사당을 세워 조상을 기리는 공간을 만들었어요.

조선 시대 후기부터는 천주교가 전파되면서 성당과 교회도 세워지기 시작했지요.

기독교의 집

▲ 박물관이 된 하기아 소피아 성당

터키 이스탄불에 있는 성당으로, 하기아 소피아는 '성스러운 지혜' 라는 뜻이에요.
이스탄불이 동로마 제국의 수도 콘스탄티노플로 불릴 때 기독교의 대성당으로 지어졌고, 터키 지배 시절에는 이슬람교 사원으로 쓰이다가, 1934년부터는 박물관으로 사용하고 있어요. 360년 처음 세워졌으나 두 차례 불타 없어져 537년에 새로 지은 거예요.

◀ 바티칸 시국에 있는 성 베드로 대성당

이탈리아 로마에 있으며, 한꺼번에 5만 명이 함께 미사를 볼 수 있는 거대한 성당이에요. 1590년에 완공됐는데, 그리스 십자가 모양으로 건물을 설계하고 둥근 돔 천장을 높여 어디서든 보일 수 있게 한 게 특징이에요. 로마 한가운데에 있지만 교황이 통치하는 작은 나라인 바티칸 시국에 속해요. 지금도 새로 선출된 교황은 성 베드로 대성당의 중앙 발코니에서 처음으로 대중 앞에 모습을 드러낸답니다.

▶ 우리나라 천주교의 상징, 명동대성당

서울 중구 명동에 있으며, 우리나라 천주교의 상징이자 중심 역할을 하는 성당이에요. 1898년에 지어졌고, 성당이 있는 곳은 1784년 첫 종교 집회가 열려 조선천주교회가 처음 시작된 자리예요. 우리나라에 천주교가 처음 들어왔을 때 희생당한 여러 순교자의 유해도 모셔져 있어요.

불교와 힌두교의 집

▲ **세계에서 가장 큰 절, 보로부두르 사원**

인도네시아 자바 섬 언덕 위에 있으며 세계에서 가장 큰 절이에요. 8세기 전반에 지어진 걸로 짐작되며, 504개의 불상이 있어요. 5층짜리 사각형 단 위에 다시 3층짜리 원형 단이 놓여 있고, 그 맨 위 한가운데에 중앙탑이 세워져 있어요.

▲ **신라인의 깊은 불심이 담긴 불국사**

우리나라에서 가장 널리 알려지고 유네스코 문화유산으로도 지정된 절이에요. 경주 토함산에 있으며 깊고 오묘한 불교의 가르침을 속세의 땅 위에 고스란히 옮겨 놓은 듯한 아름다운 절이에요. 신라 경덕왕 때인 751년 짓기 시작해 774년에 완공됐어요. '부처님의 나라'라는 절 이름 그대로 건축·과학·종교·예술이 잘 어우러진 보기 드문 문화유산으로 평가받고 있어요.

◀ **팔만대장경판을 보관하는 해인사 장경판전**

경남 합천 해인사에 있으며, 고려대장경판, 즉 팔만대장경판을 보관하는 목조 건물이에요. 조선 태조 때인 1398년쯤에 처음 지었고, 1457년과 1488년에 늘려 지었어요. 13세기에 만들어진 팔만대장경판이 750여 년이 지난 지금까지 원래 모습 그대로 남아 있는 것은 과학적으로 설계된 이 장경판전 덕분이에요.

▶ **크고 아름다운 힌두교 사원, 앙코르 와트**

캄보디아 앙코르에 있는 힌두교 사원으로, 세계에서 가장 크고 아름다운 종교 건축물이에요. 12세기 초 약 30년에 걸쳐 만들어졌으며 힌두교의 3대 신 중 하나인 비슈누 신에게 바쳐졌어요. 중앙에 있는 연꽃 모양의 높은 탑은 우주의 중심이자 신이 사는 장소를 뜻해요. 앙코르 와트는 '사원의 세계'라는 뜻이에요.

이슬람교의 집

◀ **가장 오래된 이슬람교 유적, 바위의 돔**

이스라엘 예루살렘에 있으며 가장 오래된 이슬람교 유적으로 꼽혀요. 이 사원이 있는 바위에서 이슬람교의 창시자인 마호메트가 승천했다고 해요. 또 유대교에서는 아브라함이 아들 이삭을 제물로 바쳤다는 장소이기도 하고요. '바위의 돔'은 685~691년 순례자들을 위한 성지로 세운 것인데, 팔각형 모양 위에 나무로 된 둥근 돔이 얹혀져 있어요.

▼ **이란의 대표 건축, 이맘 모스크**

이슬람교에서는 신도들이 함께 모여 예배를 올리는 건물을 모스크라고 해요. 이맘 모스크는 이란 이스파한에 있으며, 이란에서도 가장 뛰어난 건축물로 꼽혀요. 이 모스크의 특징은 거대한 파란색 타일로 외부를 마감한 것인데, 이 타일은 태양이 비추는 각도에 따라 건물 전체의 색을 달라 보이게 해요.

⑤ 황제와 왕이 살던 집

궁궐

한 나라를 다스리는 황제와 왕들은 왕실의 권위를 지키기 위해 동서양 할 것 없이 엄청나게 화려하고 거대한 집, 즉 궁궐을 지었어요. 궁궐은 황제나 왕이 그 가족들과 함께 살면서 나랏일을 보던 공간이었어요. 황제가 살던 집은 황궁, 왕이 사는 집은 왕궁이라고 하지요.

우리나라는 안타깝게도 삼국 시대와 통일신라, 고려 시대의 궁궐은 모두 사라지고 조선 시대의 5대 왕궁만 남아 있어요.

현대로 접어들면서는 대통령 제도를 도입하는 나라가 많아졌어요. 민주주의를 실천하는 우리나라도 국민이 직접 나라의 최고 지도자인 대통령을 뽑지요. 우리나라 대통령은 청와대에서 살며 나랏일을 돌보아요. 다른 나라 대통령들이 사는 집은 어떤 곳일까요?

▼ **호화롭고 아름다운 베르사유 궁전**

프랑스 베르사유에 있는 왕궁으로, 1664~1710년 사이에 걸쳐 지어졌어요. 호화로운 건물과 넓고 아름다운 정원으로 유명해요. 정원 건너편에는 왕이 곤돌라를 타고 다녔다는 커다란 운하가 흐르고 정원에는 300개가 넘는 조각상이 있어요. 루이 14세 시대에는 이 궁전에서 3천~1만 명에 이르는 신하, 군인, 하인들이 살았다고 해요.

▼ 조선왕조의 정궁, 경복궁

조선이 도읍지를 한양으로 정한 뒤 맨 처음 지은 궁궐로, 조선의 정궁이에요. 궁궐 이름에는 '임금의 큰 은혜와 어진 정치로 모든 백성들이 아무 걱정 없이 잘 살아간다'란 뜻이 담겨 있어요. 1395년 완공한 뒤 임진왜란 때 불탄 것을 1865년에 다시 지었어요. 근정전과 경회루를 비롯해 왕이 나랏일을 돌보던 편전, 왕비가 살던 교태전, 자경전 꽃담 등이 있어요.

▲ 영국의 왕궁, 버킹엄 궁전

영국의 런던 웨스트민스터에 있는 왕궁으로, 원래 버킹엄 공작의 집이었던 것을 왕실에서 구입해 여러 차례 고쳐 늘려 지었어요. 600여 개의 크고 작은 방이 있고 드넓은 호수를 포함한 대정원, 미술관, 도서관 등이 함께 있어요. 1993년부터 매년 7, 8월에 일반인에게 개방하는데, 특히 매일 이뤄지는 전통 복장의 근위병 교대식은 이 궁전의 명물이에요.

대통령이 사는 집

우리나라 대통령의 집, 청와대 ▶

서울특별시 종로구 세종로 1번지에 있어요. 1948년 대한민국 정부가 세워진 뒤부터 대통령이 살면서 나랏일을 보고 있지요. 우리나라 첫 대통령인 이승만 대통령은 이곳에서 12년을 살았는데, 그때는 이름이 청와대가 아니라 '경무대'였어요. 박정희 대통령은 역대 대통령 중에서 가장 오랜 기간인 18년 동안 청와대를 지켰고요. 지금은 이명박 대통령의 관저 및 집무실로 사용되고 있어요.

◀ 미국 대통령이 사는 백악관

미국의 수도 워싱턴 D. C.에 있어요. 1800년 미국 2대 대통령인 존 애덤스 대통령이 처음 들어가 산 이래 모든 미국 대통령의 관저로 쓰였어요. 백악관이란 이름이 붙은 것은 하얀 돌로 지어진 건물이 주위의 빨간 벽돌 건물과 대조적이기 때문이었어요.
대통령과 가족이 사는 건물을 비롯해 대통령이 나랏일을 하는 집무실, 기자실, 접견실, 수영장과 체육관, 극장 등이 고루 갖춰져 있어요. 현재 백악관 주인은 버락 오바마 대통령이에요.

프랑스 대통령의 집, 엘리제 궁전 ▶

프랑스 파리에 있는 프랑스 대통령의 공식 관저예요. 엘리제 궁은 넓은 궁전으로도 유명해서 대통령과 저명 인사들의 파티 장소로도 자주 쓰여요. 현재 주인은 니콜라스 사르코지 대통령이에요. 엘리제 궁은 1722년 완공됐는데, 루이 15세의 후궁인 퐁파두르와 나폴레옹 황제의 아내인 조세핀 왕후가 살았고, 1959년에야 프랑스 정부 공식 관저가 되었어요.

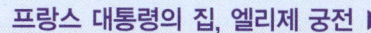

6. 하늘 높이 솟은 마천루
초고층 빌딩

하늘을 동경하고 하늘 가까이 올라가는 것은 인류의 오랜 꿈이었어요. 그래서 이집트의 파라오들은 피라미드를 쌓았고, 중세 유럽 사람들은 성당에 하늘 높이 솟은 뾰족탑을 만들었어요.

그런데 고대에서 중세, 근대를 거쳐 현대로 이어지면서 인구는 점점 늘고 집 지을 땅은 부족해졌어요. 일층짜리 집만 지어서는 하루하루 다르게 늘어나는 인구를 감당할 수 없게 되었지요.

그러자 사람들은 여러 층으로 된 집을 짓기 시작했어요. 다행히 철과 콘크리트, 유리 같은 재료들이 발달한 덕분에 여러 층짜리 집을 지을 수 있었어요.

특히 1853년 미국의 오스티가 안전한 전기 엘리베이터를 발명하고부터는 세계 곳곳에 아주 높은 초고층 빌딩, 즉 마천루가 생겨나기 시작했어요. 마천루는 땅에서 보통 150m 이상 높이 솟아 있는 건물들을 일컬어요.

오늘날 마천루는 점점 더 높아지고 있어요. 마천루는 하늘을 향한 인류의 꿈을 상징하는 것이자 미래의 새로운 생활 공간이기도 해요.

세계적인 마천루에는 어떤 것들이 있을까요?

◀ 우리나라에서 가장 높은 빌딩, 타워팰리스 3차 G동

서울 강남구 도곡동에 있는 초고층 주상복합아파트예요. 2004년 완공됐으며 73층 규모에 264m 높이로 현재 우리나라에서 가장 높은 빌딩이지요. 헬리콥터 착륙장이 건물 옥상에 있어요.

41년 동안 세계 최고 마천루였던 ▶ 엠파이어 스테이트 빌딩

미국 뉴욕에 있으며 1931년 지어졌어요. 41년 동안 세계에서 가장 높은 건물로 꼽혔던 빌딩이지요. 102층에 높이 381m인데 꼭대기에 설치된 라디오 안테나 높이까지 합하면 448m나 돼요. 86층과 102층에 전망대가 있어 뉴욕 시내를 굽어볼 수 있어요.

▶ 세계에서 가장 높은 마천루, 부르즈 칼리파

아랍에미리트 두바이의 신도심 지역에 2010년 1월 준공된 초고층 건물이에요. '버즈 칼리파'라고도 해요.
부르즈 칼리파는 상업 시설, 거주 시설, 오락 시설을 포함한 것으로, 1~39층은 호텔, 40~108층은 고급 아파트, 109~160층은 사무실로 구성되었고 높이는 828m예요.

◀ 타이베이 국제금융센터

대만 타이베이에 있고 101층 508m 높이예요. '타이베이 101'이라고도 해요. 지진과 태풍의 피해를 막기 위해 660톤에 달하는 강철추를 88층과 92층 사이에 매달아 놓았어요. 이 빌딩의 시속 60km짜리 엘리베이터를 타면 1층에서 전망대가 있는 89층까지 37초 만에 올라갈 수 있어요. 부르즈 칼리파가 완공되기 전까지는 세계에서 가장 높은 빌딩의 자리를 차지했어요

첫 번째 이야기
아프리카 마사이족

쇠똥으로 지은 집이 최고야!

아프리카의 초원 지대에 사는 마사이족은 쇠똥으로 지은 집에서 살아요. 나뭇가지와 갈대를 얼기설기 엮어 둥그런 뼈대를 만들고, 쇠똥과 진흙을 이겨 바른 집이지요. 마사이족은 왜 쇠똥집에서 살까요? 쇠똥으로 지은 집이라 지독한 냄새가 나진 않을까요?

옛날 아주 먼 옛날, 마사이족은 하늘나라에서 살았어요. 어느 날 산책을 하던 마사이족은 구름 아래를 내려다보게 되었어요. 까마득히 먼 땅에는 푸른 초원이 펼쳐져 있었어요.

"저기는 대체 어떤 세상일까? 한번 구경 좀 가 봤으면."

마사이족은 하늘나라 신을 졸라 땅으로 구경을 보내 달라고 했어요. 하늘나라 신은 허락하며 한 가지 조건을 걸었어요.

"좋다! 대신에 소와 염소, 양을 데리고 가서 그 피와 젖을 먹고 지내다 오거라. 만약 다른 동물을 잡아먹으면 하늘나라로 절대 돌아올 수 없다."

마사이족은 신이 나서 밧줄을 타고 아프리카 초원으로 내려갔어요. 소와 염소, 양 떼도 데리고 갔지요. 그런데 신나게 놀다가 사슴 한 마리를 잡아먹고 말았어요.

하늘나라 신은 몹시 노해 하늘과 땅을 잇는 밧줄을 싹둑 잘라 버렸어요. 그러곤 마사이족에게 말했어요.

"너희들은 열심히 소와 염소, 양을 길러 내가 만족할 만큼 수를 늘려라. 그러기 전에는 하늘나라로 절대 돌아올 수 없다."

그 뒤 마사이족은 초원을 떠돌아다니며 소와 염소, 양 떼를 치며 살게 되었어요.

아프리카 초원에서 유목 생활을 하는 마사이족에겐 이런 전설이 있어요.

마사이족은 가축 중에서도 소를 가장 큰 재산으로 여겨요. 소 피와 우유, 고기를 먹고 소가죽으로는 생활에 필요한 여러 가지를 만들어요. 쇠똥도 아

주 소중히 여겨, 상처를 치료하거나 바짝 말려서 연료로 쓰지요.

　마사이족의 보금자리인 '마니아타'도 쇠똥으로 지은 집이에요. 나뭇가지와 갈대로 촘촘하고 둥글게 뼈대를 만든 뒤 쇠똥과 진흙, 짚을 이겨서 벽과 지붕을 발라요.

　쇠똥집은 비가 와도 젖지 않고 아주 튼튼해요. 쇠똥에 섬유질과 기름기가 섞여 있기 때문이에요. 또 벌레도 잘 꼬이지 않고 습도도 알맞게 조절돼요. 그래서 여름엔 시원하고 겨울엔 아주 따뜻하지요.

　물론 마사이족의 쇠똥집에선 쇠똥 냄새가 나요. 하지만 쇠똥이 바싹 말랐기 때문에 그렇게 심한 냄새가 나는 건 아니에요.

마사이족　아프리카 케냐와 탄자니아에 걸쳐 있는 초원 지대에서 소와 양, 염소를 치며 사는 **유목** 부족이에요. 사나운 짐승에 맞서 가축을 보호해야 하기 때문에, 아프리카에서 가장 용맹한 부족으로 알려져 있어요.

유목 생활　가축을 기르기 위해 물과 풀이 있는 곳을 따라 이리저리 옮겨 다니며 사는 것을 뜻해요.

지구촌 이런 집

미국 나바호 인디언의 진흙집, 호건

나바호 인디언이라고 들어 봤니? 미국에는 원주민 부족이 많은데, 나바호 인디언은 그 중에서 가장 인구가 많은 부족이야.

나바호 인디언은 애리조나주, 뉴멕시코주, 유타주에 걸쳐 있는 인디언 구역에서 살아. 여름에는 높은 지대에서 옥수수, 콩, 호박 등의 농사를 짓고 가을과 겨울, 봄에는 낮은 지대에서 가축을 키우지.

나바호 인디언의 집은 '호건'이라고 해. 나뭇가지와 막대로 둥근 몸체를 만든 뒤 그 위에 진흙과 잔디를 덮은 진흙집이야.

환경 호르몬 없는 웰빙 하우스지!

호건을 지을 때 나바호 인디언들은 꼭 동쪽에 출입문을 만들어. 아침에 뜨는 해를 볼 수 있게 말이야. 또 창문은 없이 지붕 위에 작은 구멍만 내. 그래서 실내의 화덕에서 불을 피우면 연기가 그 구멍으로 빠져 나간단다.

부시먼족의 초라한 움막집

원시 시대의 인류는 동굴에 보금자리를 틀거나 움막집을 지어 살았어. 아프리카의 칼라하리 사막에서 원시적으로 살아가는 부시먼은 지금도 움막집에서 산단다.

부시먼족이 움막집을 짓는 것은 아주 간단해. 우선 평평한 땅 위에 나뭇가지로 지름 2m 정도 되게 둥근 뼈대를 만든 뒤 마른 풀로 덮어. 그다음 짐승 힘줄로 만든 끈으로 둘레를 질끈 묶기만 하면 작업 끝! 부시먼족은 짐승을 사냥하고 먹을 것을 찾아 일년에도 몇 차례씩 살 곳을 옮겨 다녀.

부시먼족의 움막집은 원시 시대 사람들이 살던 움막집과 크게 다르지 않아. 짓는 것도 아주 간단하고, 다른 곳으로 이사 갈 때는 그냥 버려두고 간단다.

나바호 인디언의 진흙집 호건은 움막에 진흙과 잔디를 덮은 집이야. 동쪽에 출입문을 만들고 지붕에는 작은 구멍을 내서 실내의 연기가 그곳으로 빠져 나가게 해.

두 번째 이야기 터키 **카파도키아**

우리 잡아봐라~

저런 바위 속에 사람이 산다니, 믿어지지 않군.

뾰족 바위 속에 동굴집이 있다고?

뾰족뾰족 솟은 원뿔 모양, 버섯 모양의 바위 속에 사람이 사는 집이 있다면 믿을 수 있나요? 아하, 동화 속에 나오는 집 이야기냐고요?
아니에요. 터키 카파도키아에는 높이 솟은 바위를 뚫고 깎아 만든 동굴집이 수없이 많아요. 지금도 그 안에서 사람들이 더러 살고 있고요.
카파도키아 사람들은 왜 하필이면 바위 속에 동굴집을 만들었을까요?

우린 숨기의 달인!

우르릉 쾅쾅! 지르르르 펑!

지금으로부터 약 3백만 년 전, 터키 카파도키아에서 무시무시한 화산이 폭발했어요. 화산에서 솟구친 뜨거운 용암은 주변을 온통 불바다로 만들고, 시커먼 화산재는 하늘을 가득 뒤덮었어요.

용암과 화산재는 시간이 지나면서 바위처럼 굳었어요. 바위들은 수많은 세월 동안 비바람에 시달리며 깎이고 파여 나갔어요. 그래서 원뿔, 버섯, 도토리, 고깔 등 갖가지 모양의 커다란 바위들이 되었어요.

그런데 1~4세기 무렵, 로마 제국이 터키 일대를 점령했어요. 로마는 기독교를 믿던 사람들을 마구 죽이고 위협했지요.

사람들은 두려움에 떨었지만, 줄곧 믿어 온 기독교를 버릴 수는 없었어요.
"이대로 있다간 다 죽을 거요! 몸을 피할 곳을 찾아봅시다!"
"카파도키아가 어때요? 온통 바위산이니, 숨어 지내기에 좋지 않겠소?"

사람들은 너도나도 카파도키아로 모여들었어요. 그러곤 삐죽삐죽 솟은 바위를 파서 동굴집과 동굴 교회를 만들었어요. 카파도키아의 바위들은 겉은 무척 거칠어 보였지만, 속은 무르고 부드러워 동굴을 파기가 좋았거든요.

동굴집의 출입문은 될수록 높은 곳에 만들었어요. 사다리나 밧줄을 타고서만 오르내릴 수 있게 말이에요. 어렵사리 마련한 새 보금자리에 적들이 쳐들어오면 안 되니까요.

카파도키아의 동굴집은 이런 역사 속에서 생겨났어요. 동굴집은 서늘하고 습기도 적당해 살기도 그만이었어요. 이 지역의 무덥고 건조한 날씨도 동굴

땅속에 숨은 거대한 동굴 도시, 데린쿠유

카파도키아에 가면 바위에 만든 동굴집뿐 아니라 땅속에 있는 거대한 동굴 도시도 볼 수 있어. 바로 '깊은 웅덩이'란 뜻의 데린쿠유 마을이야.

데린쿠유는 7~11세기 이슬람 세력이 터키에서 세력을 떨칠 때, 기독교인들이 숨어 살던 곳이야. 지금은 지하 50m 정도인 8층까지만 공개하고 있지만, 원래는 지하 70~80m 깊이까지 동굴을 파고 들어가 약 20층 규모로 도시를 만들었대. 데린쿠유엔 집, 교회, 우물, 창고, 동물 사육장, 학교 등 생활에 필요한 모든 시설이 갖춰져 있었어.

집 안에선 통하지 않았지요.

카파도키아의 동굴집에는 1950년대까지만 해도 많은 사람들이 살았어요. 지금은 대부분 비어 있거나 관광객들이 묵는 동굴 호텔이나 기념품 가게 등으로 바뀌었지만요.

카파도키아 터키의 수도 앙카라에서 남동쪽으로 약 300km 떨어진 아나톨리아 고원의 중심에 자리잡고 있어요. 유럽으로 가는 길목에 있어 예로부터 무역이 발달했고, 초기 기독교의 발달에 크게 이바지했어요.

지구촌 이런 집

'꾸에바'와 '야오동'이 뭘까?

'꾸에바'와 '야오동'이 무엇일까? 혹시 아이스바와 우동 이름이냐고?

꾸에바는 스페인 남부 그라나다 시에 있는 현대판 동굴집이고, 야오동은 중국 황토고원 지대의 동굴집이란다.

꾸에바는 15세기 말 유럽을 떠돌던 집시들이 스페인을 지배하던 이슬람 왕조의 탄압을 피해 언덕을 파고 집을 지어 살면서 비롯됐어. 꾸에바에는 지금도 집시들이 살고 있는데, 현대 시설이 모두 갖춰져 불편한 점은 없단다.

스페인 그라나다 시의 동굴집인 꾸에바에는 주로 집시들이 살아. 겉에서 보면 출입문과 굴뚝만 보이지만, 안으로 들어가면 현대적으로 꾸며진 둥근 방들이 여러 개씩 이어져 있단다.

야오둥은 중국의 산시, 간쑤, 허난성 등에 주로 있어. 이곳들은 모두 시베리아의 거센 바람을 타고 불어 온 황토가 산처럼 쌓여 만들어진 황토고원 지대야. 그래서 사람들은 예로부터 바위처럼 단단한 황토산 허리에 동굴을 파서 집을 짓고 살았어.

야오둥은 꾸에바와 마찬가지로 온도와 습도가 알맞게 조절돼 여름에는 시원하고 겨울에는 따뜻해.

중국 황토고원 지대에도 황토산 절벽에 만들어진 동굴집들이 있어. 시베리아로부터 바람을 타고 불어 온 황토가 쌓여 만들어진 황토산은 바위처럼 단단하기 때문에 동굴을 파서 집을 짓기에 알맞았지.

네 번째 이야기

몽골 고원의 **몽골족**

유목 생활엔 게르가 안성맞춤

중앙아시아의 드넓은 몽골 고원에서 유목 생활을 해 온 몽골족은 예로부터 '게르'라는 집에서 살았어요.

나무로 만든 둥근 몸체에 천막을 씌운 게르는 쉽게 말하면 이동식 천막집이에요. 이사를 갈 때면 착착 접어 갖고 가서, 새로운 집터에 금방 다시 지을 수 있지요.

게르는 어떻게 짓는지, 또 어떤 좋은 점이 있는지 알아볼까요?

따그닥 따그닥, 따그닥 따그닥.

끝없이 펼쳐진 드넓은 몽골 고원에 말발굽 소리가 요란하게 울려 퍼졌어요. 눈앞은 순식간에 뿌연 흙먼지로 뒤덮였어요.

아니나다를까, 저만치에서 한 무리의 몽골족이 나타났어요. 사람들은 말을 타거나 낙타와 수레를 끌고 있고 소와 염소, 양 떼가 그 뒤를 따르고 있었어요.

가장 나이 많아 보이는 남자가 말고삐를 잡아당기며 말했어요.

"여기가 좋겠는데. 해 떨어지기 전에 어서 여기에 게르를 짓자고."

사람들은 너도나도 힘을 합쳐 새 집터에 게르를 짓기 시작했어요.

먼저 낙타 등에 싣고 온 촘촘한 나무뼈대를 활짝 펼쳐 둥근 몸체를 세웠어요. 한가운데는 튼튼한 기둥을 세우고, 남쪽을 향해선 작은 출입문도 냈어요. 그다음 천장을 짜 맞추고 서까래를 얹어 지붕을 만들었어요. 그러곤 양털로 짠 두껍고 하얀 펠트로 지붕과 벽을 덮어씌웠어요.

말총을 엮어 만든 끈으로 펠트 위를 단단히 묶자, 드디어 아늑한 게르가 완성됐어요. 몽골족은 예로부터 중앙아시아 고원에서 유목 생활을 하며 살아 왔어요. 가축에게 먹일 물과 풀을 찾아 일년에도 서너 번씩 사는 곳을 옮겨야 했지요.

그러다 보니 게르처럼 쉽게 지었다 헐 수 있고, 이사 갈 때 갖고 가 금방 다시 지을 수 있는 집이 필요했어요.

게르는 얼핏 보면 무척 약해 보이지만 아주 튼튼해요. 지름이 3~6m에 높이는 2m 정도밖에는 안 되지만 아주 과학적이고요. 몽골 고원은 겨울엔 몹시 춥고 여름엔 아침저녁으로 기온 차가 매우 큰데, 게르는 겨울엔 따뜻하고

베두인족의 검은 천막집

게르가 하얀 천막집이라면 베두인족의 전통집은 검은 천막집이야.
베두인족이 누구냐고? 아라비아, 이라크, 시리아, 이란, 요르단의 사막 지대에서 낙타, 양, 염소 등을 기르며 살아온 유목민족이야.
베두인족의 천막집은 게르보다도 더 간단해. 나무로 기둥을 세운 뒤 낙타와 흑염소 털로 만든 천막을 씌우면 끝이거든. 천막이 사막의 더위를 막아 주어 시원하고, 비가 올 때도 비가 새지 않아 안전하단다.

베두인족의 천막집은 나무 기둥을 세운 뒤 낙타와 흑염소 털로 만든 검은 천막을 씌운 거야. 낮에는 천막을 말아 올려 시원하게 하고, 밤에는 천막을 땅바닥까지 풀어내려 바람을 막는단다.

여름엔 아주 시원하거든요. 게르에 덮어씌운 하얀 펠트가 겨울엔 추위를 막고, 여름엔 강한 햇볕을 반사시키기 때문이에요.

지금은 많은 몽골족이 도시에 정착해서 살고 있어요. 하지만 아직도 몽골 고원에 가면 몽골족이 사는 하얀 게르를 볼 수 있어요.

몽골 고원 중앙아시아 북부 몽골과 중국 네이멍구 자치구에 걸쳐 있어요. 북서쪽으로 갈수록 높고 **남동쪽**은 고비 사막이며, 나머지 대부분은 울창한 숲과 초원으로 이뤄졌어요.

지구촌 이런 집

북아메리카 인디언의 텐트, 티피

여름에 바다나 숲으로 놀러 가서 텐트를 치고 자 본 적 있니? 설마 텐트가 뭔지 모르는 사람은 없겠지?

북아메리카 들판에서 들소를 사냥하며 사는 인디언들은 텐트를 꼭 닮은 '티피'에서 살아. 티피는 나무 막대기로 여러 개의 기둥을 세우고, 그 위에 널따란

내 취미는
그림 그리기야.

천막을 덮은 천막집이야.

하지만 몽골족과 베두인족의 천막집과는 모습이 아주 달라. 나무 기둥이 하늘을 향해 뾰족 튀어나와 있고 천막의 전체 모습도 원뿔, 사각뿔, 오각뿔이거든. 나무 기둥 위에 씌우는 천막은 들소 가죽을 기워 만든 것이고.

티피는 보통 높이가 3m, 지름은 3~4m쯤 돼. 북아메리카 인디언들은 티피 위에 동물 그림이나 사냥 장면을 그려 화려하게 장식한단다. 그래서 들소 사냥을 하지 않는 겨울에는 티피에 동물이나 사냥하는 모습을 그려 넣으며 시간을 보내는 경우가 많아.

북아메리카 인디언의 티피는 나무 기둥이 하늘을 향해 튀어나와 있고 전체적으로 원뿔, 사각뿔, 오각뿔 모양이야. 위에 덮어씌운 천막은 들소 가죽을 기워 만든 것인데, 동물이나 사냥 장면을 그려 넣어 화려하게 장식해.

네 번째 이야기

북극의 이누이트족

얼음집 **이글루**는 정말 따뜻해

캐나다 북부, 알래스카, 그린란드 등 눈과 얼음으로 덮인 북극 지방에는 이누이트족이 살고 있어요. 이누이트족은 얼음 벌판으로 낚시나 사냥을 나갈 때면 '이글루'라는 얼음집을 짓고 며칠씩 머물러요.
　이글루는 꽁꽁 언 눈덩이로 지은 집이에요. 얼음집 안에 있으면 혹시 온몸이 얼음처럼 꽁꽁 어는 것은 아닐까요?

사방이 온통 눈과 얼음으로 덮인 북극의 얼음 벌판에 매서운 눈보라가 불어 닥쳤어요.

휘이잉 휘이잉~.

바람 소리는 고막을 찢을 듯 요란하고, 하얀 눈보라 때문에 앞도 잘 보이지 않았어요. 북극개가 끄는 썰매를 타고 사냥을 하던 이누이트족 중의 하나가 소리쳤어요.

"사냥은 이제 그만 합시다. 바다표범이랑 고래도 넉넉히 잡았고, 눈보라가 심해 더 이상 할 수도 없어요."

다른 이누이트족도 맞장구를 쳤어요.

"그러잖아도 온몸이 꽁꽁 얼어붙었어요. 어서 이글루를 짓고 푹 쉽시다."

이누이트족은 눈보라가 덜 치고 바닥이 평평한 곳을 찾아 이글루를 짓기 시작했어요. 먼저 주변에서 깨끗하고 단단하게 언 눈덩이를 주워 와 고래 뼈로 만든 눈칼로 반듯반듯하게 잘랐어요. 눈덩이는 사방이 네모나고 길쭉한 눈 벽돌이 되었어요.

이누이트족은 눈 벽돌을 한 층 한 층 둥글게 쌓아 돔 모양으로 만들었어요. 벽 한구석엔 사람 하나가 드나들 수 있게 작은 문을 냈지요.

그다음엔 이글루 안에 등잔불을 피우고 문을 눈 벽돌로 꼭 막았어요. 실내 온도가 높아지면서 눈 벽돌이 조금씩 녹아내렸어요. 녹은 물은 벽돌과 벽돌 사이로 스며들었고요.

그러자 이누이트족은 다시 이글루의 출입문을 활짝 열고 등잔불을 껐어

> **이글루가 따뜻한 까닭은?**
>
> 이글루는 눈 벽돌로 지은 얼음집이지만 생각보다 따뜻해. 두터운 얼음벽 때문에 바깥의 찬 공기가 안으로 전달되지도, 안의 따뜻한 공기가 밖으로 빠져 나가지도 않거든. 또 빛이 얼음을 통과하는 성질이 있기 때문에 낮에는 이글루 안이 무척 밝은 편이란다.

요. 영하 30~40도의 찬 공기가 이글루 안으로 들어가면서, 눈 벽돌 사이로 스며든 물은 순식간에 꽁꽁 얼어붙었어요. 얼음 벽돌과 얼음 벽돌 사이가 단단하게 달라붙은 것이었어요.

어느새 열 명 정도가 머물 수 있는 커다란 이글루가 완성됐어요. 이누이트족은 이글루 바닥에 짐승 가죽과 털을 깔고, 출입문과 벽에는 가죽덮개를 늘어뜨렸어요. 고래 기름을 태워 훈훈한 등잔불도 피웠지요. 그러곤 얼음문을 꼭 닫고 한데 모여 앉아 꽁꽁 언 몸을 녹이기 시작했어요.

이누이트족은 북극 지방에서 물고기를 잡고 바다짐승을 사냥하며 살아온 사람들이에요. 이들은 보통 때는 통나무나 벽돌로 지은 현대적인 집에서 살아요. 하지만 마을에서 멀리 떨어진 얼음 벌판으로 사냥을 갈 때는 이글루를 짓고 며칠씩 머무르곤 해요.

이누이트족 흔히 '에스키모'라고 해요. 하지만 에스키모는 '날고기를 먹는 사람들'이란 뜻에서 캐나다 인디언들이 얕잡아 붙인 이름이라, 이누이트족은 이 이름을 좋아하지 않아요. 오늘날 대부분의 이누이트족들은 얼음 벌판에서 사냥을 하기보다는 직장에 다니거나 바다표범의 상아와 가죽으로 만든 물건을 팔아 살아가고 있어요.

지구촌 이런 집

세계에서 가장 큰 이글루, 스웨덴의 얼음 호텔

스웨덴의 한 시골 마을에선 해마다 겨울이면 세상에서 가장 큰 얼음 호텔이 문을 연단다. 바로 라플란드 지방 유카스야르비 마을의 얼음 호텔이야.

이곳은 겨울이면 기온이 섭씨 영하 40도까지 떨어질 정도로 아주 추워. 주변을 흐르는 톤 강은 두껍게 얼어붙고 눈도 많이 내린단다.

얼음 호텔은 이 강의 얼음과 눈을 가져다 짓는 거야. 해마다 10월쯤 짓기 시작해 12월 말에 문을 열고, 날씨가 따뜻해지는 이듬해 4월이면 문을 닫는단다.

이 얼음 호텔은 이누이트족의 이글루를 본떠서 지은 거야. 손님이 잠을 자는 객실은 물론이고 식당, 술집, 영화관, 예배실까지 모두 얼음으로 되어 있어. 심지

어 객실 침대도 얼음 침대란다.

　얼음 호텔의 실내 온도는 영하 4~9도로 조금 추운 편이야. 하지만 바깥 날씨가 워낙 춥기 때문에 오히려 따뜻한 느낌이 든단다.

　참, 얼음 침대에서 자면 혹시 몸이 동태처럼 꽁꽁 얼지 않겠냐고? 천만에! 얼음 침대 위에 순록 가죽으로 만든 시트를 씌운 뒤 침낭에 폭 들어가서 자기 때문에 하나도 춥지 않단다.

스웨덴 유카스야르비 마을에 있는 얼음 호텔은 해마다 12월에 문을 열어 이듬해 4월이면 문을 닫아. 객실의 얼음 침대는 물론이고 호텔 안 모든 것이 얼음으로 꾸며져 있지.

다섯 번째 이야기

티티카카 호수의 우루족

갈대섬 위에 지은 **갈대집**

남아메리카의 페루와 볼리비아 사이에는 티티카카라는 아주 예쁜 이름의 호수가 있어요. 세계에서 가장 높은 곳에 있는 호수이지요.
티티카카 호수에는 여러 개의 섬이 있어요. 그 중에서 우로스 섬의 우루족은 갈대로 만든 섬 위에 갈대로 만든 집을 짓고 살아요.
우루족은 왜 갈대섬에 갈대집을 짓고 살게 되었을까요?

우리가 사는 곳은 웰빙 주택이란다

넓고 푸른 티티카카 호수 위로 산들바람이 불었어요. 호수의 물결은 바람을 따라 잔잔히 출렁거렸어요.

그때 갑자기 호수 한가운데서 소년 소녀 한 쌍이 태양과 함께 불쑥 떠올랐어요. 소년과 소녀는 무럭무럭 자라, 소년은 잉카 제국의 첫 번째 황제가 되고 소녀는 황후가 되었어요. 그 뒤 잉카 제국은 넓은 땅을 차지하며 힘센 나라로 발전해 갔어요.

그러던 어느 날, 잉카 제국에 스페인 군대가 쳐들어왔어요. 스페인 군대는 아타우알파 황제를 포로로 삼았어요. 잉카 사람들은 스페인 군대에게 사정했어요.

"우리 제국의 황금을 모두 바치겠으니, 황제 폐하를 살려 주시오."

하지만 스페인 군대는 아타우알파 황제를 죽이고 말았어요.

결국 잉카 제국은 멸망했고, 잉카 사람들은 뿔뿔이 흩어졌어요. 1533년의 일이었어요.

세상에서 가장 아름답고 신비한 호수로 꼽히는 티티카카 호수에는 잉카 제국의 이야기가 얽혀 있어요.

티티카카 호수의 우로스 섬에 사는 우루족은 바로 잉카 제국의 후손들이에요. 원래 잉카 제국 시절 전부터 티티카카 호숫가에 살았

집 모양의 배? 배 모양의 집?
암스테르담의 하우스보트

네덜란드 암스테르담은 운하의 도시로 유명해. 강 하구에 댐을 쌓아 만든 도시라서 운하들이 거미줄처럼 이어져 있고, 수많은 다리가 놓여 있지. 그런데 운하의 가장자리에 배 같기도 하고, 집 같기도 한 게 떠 있는 걸 볼 수 있어. 그건 배 위에 지은 집, '하우스보트'야.

하우스보트는 땅이 좁아 주택문제가 심각해지자 생겨난 거야. 네덜란드 정부가 서민들에게 운하를 떠다니는 배 위에 집을 짓고 살게 한 것이지.

네덜란드 암스테르담에 가면 배 위에 지은 집이 운하에 떠 있는 모습을 쉽게 볼 수 있어.

는데, 스페인 군대에 쫓겨 호수 한가운데로 피난을 간 거예요.

우로스 섬은 크고 작은 40여 개의 섬으로 되어 있는데, 자연적으로 생긴 섬이 아니에요. 호수 근처에서 자라는 '토토라'라는 갈대를 잘라 말린 뒤, 호수 위에 3m 정도로 겹겹이 쌓아 만든 인공 갈대섬이에요. 갈대는 물에 잘 뜨는 성질이 있기 때문에 갈대섬도 물 위에 둥둥 떠 있어요.

우루족이 사는 집도 갈대로 지은 집이에요. 가느다란 나무로 지붕과 벽의 뼈대를 만든 뒤, 갈대로 짠 멍석으로 지붕과 벽을 감싸 지어요.

우로스 섬에는 학교와 교회, 우체국도 있는데, 모두 갈대로 만들었어요. 호수 위를 떠다니는 배 역시 갈대로 만든 배이고요.

갈대섬은 석 달에 한 번 정도는 새로운 갈대를 쌓아 섬의 높이를 유지시켜 줘야 해요. 왜냐하면 물에 잠긴 아랫부분이 곧잘 썩기 때문이에요.

티티카카 호수 남미 페루와 볼리비아 사이의 안데스 산맥 한복판에 있는 호수예요. 해발 3,812m나 되는 곳에 자리잡고 있어 세계에서 가장 높은 곳에 있는 호수로 꼽혀요.

잉카 제국 1438년부터 1533년에 걸쳐 번성한 제국으로 지금의 페루 영토에 자리잡고 있었어요. 남아메리카 3대 문명의 하나인 잉카 문명을 일으켰지만 잉카의 마지막 황제 아타우알파가 스페인 군대에 잡혀 죽으면서 멸망했어요.

지구촌 이런 집

부자 왕국 브루나이의
고급 수상 가옥

수상 가옥이라면 대부분 가난한 사람들의 집으로 생각되지? 꼭 그렇지만은 않아. 동남아시아 보르네오 섬에 있는 브루나이 왕국은 인구가 38만여 명뿐인 작은 나라야. 하지만 바다에서 나오는 석유와 천연가스 덕분에 돈을 많이 버는 부자 나라란다.

브루나이에는 세계에서 가장 크고 멋진 수상 마을이 있어. 수도인 반다르세리베가완에 있는 캄퐁 아예르 마을인데, 브루나이 인구의 10% 이상인 약 3만여 명이 산단다.

캄퐁 아예르는 육지에서 약 200~300m 떨어진 브루나이 강에 자리잡고 있어.

집은 물론이고 병원, 경찰서, 학교, 소방서 등이 모두 물 위에 있어. 물속에 철근 기둥을 박은 뒤 물 표면에서 약 5m 높이에 건물을 지은 거야. 집과 건물 사이를 오갈 때는 나무로 만든 다리를 이용하지.

캄퐁 아예르는 세계에서 가장 큰 수상 마을이야. 이곳엔 집뿐만 아니라 모든 건물이 강물 위에 지어져 있어. 물 위에 지어졌지만 현대적 시설이 갖춰져 있어 아주 편리하단다.

여섯 번째 이야기

인도네시아 수마테라바라트

지붕 끝이 왜 물소 뿔처럼
우뚝 솟았을까?

물소 뿔 모양의 집을 본 적이 있나요?
인도네시아의 수마트라 섬 서부, 수마테라바라트 주에 가면 그런 집을 볼 수 있어요. 이곳의 원주민인 미낭카바우족들이 사는 '루마가당'이란 집이에요.
루마가당은 지붕의 양쪽 끝이 마치 물소 뿔처럼 우뚝 솟아 있어요. 미낭카바우족은 왜 그런 집을 짓게 되었을까요?

지붕이 불났다!

"큰일났습니다! 자바 섬의 군대가 쳐들어오고 있습니다."

지금으로부터 600년 전쯤, 인도네시아 수마트라 섬의 알람 지방은 발칵 뒤집혔어요. 하지만 알람의 족장은 무슨 생각이 있는지, 아주 태연했어요.

자바 섬의 군대가 들이닥치자, 알람의 족장은 자바 섬 족장에게 말했어요.

"나는 군사들을 다치게 하고 싶지 않다. 물소들에게 싸움을 시켜 승패를 가리자."

"좋다. 물소 싸움을 해서 지는 쪽이 이 섬을 떠나는 거다."

자바 섬의 족장은 가장 사납고 힘센 물소를 싸움소로 뽑았어요. 알람 왕은 웬일인지 힘없고 약한 새끼 물소를 쫄쫄 굶긴 채 싸움에 내보냈어요.

드디어 물소 싸움이 시작되었어요. 그런데 이게 웬일이에요? 새끼 물소가 냅다 자바 섬 물소에게 달려가는 것이었어요. 새끼 물소는 자바 섬 물소의 배에 머리를 들이밀고 젖을 빨려 했어요. 너무 배가 고픈 나머지 자바 섬의 물소를 어미소로 여긴 것이었어요.

그때 갑자기 자바 섬의 물소가 피를 흘리며 쓰러졌어요. 새끼 물소의 뿔에 달린 칼에 배를 잔뜩 찔린 탓이었어요. 알람 왕이 새끼 물소의 뿔에 작은 칼을 매단 채 싸움에 내보냈거든요.

"만세! 미낭카바우, 미낭카바우!"

알람 사람들은 승리의 함성을 지르며 기뻐했어요. 자바 섬의 군대는

할 수 없이 알람 지방에서 물러나야만 했고요.

그때부터 알람 사람들은 자기들이 사는 섬을 '미낭카바우'라 불렀어요. 미낭카바우란 '우리 물소가 이겼다'란 뜻이에요. 또 새끼 물소의 승리를 기리는 뜻에서, 물소의 뿔을 닮은 집을 짓고 살게 되었어요.

미낭카바우족의 전통집인 루마가당에는 이런 이야기가 전해 내려와요.

루마가당은 지붕의 양쪽 끝이 물소 뿔처럼 뒤로 젖혀진 채 하늘로 바짝 솟구쳐 있는 게 특징이에요.

미낭카바우족은 루마가당을 지을 때 땅에서 2m 정도 높은 곳에 올려 지어요. 인도네시아는 날씨가 무덥고 습한 편인데, 집을 올려 지으면 조금은 더 시원하고 습기도 덜 차거든요.

루마가당에는 큰 방을 중심으로 여러 개의 작은 방을 옆으로 길게 배치해요. 미낭카바우족은 여러 식구로 이뤄진 대가족이 함께 모여 살기 때문에 방이 여러 개 필요하거든요.

루마가당은 원래 나무로 짓고 지붕은 야사 잎으로 덮었는데, 지금은 함석 지붕을 얹은 집도 적지 않아요.

고상 가옥이란?

고상 가옥은 집을 땅바닥에 바짝 붙여 짓지 않고 땅에서 2~3m 정도 높이 올려 지은 집을 뜻해.

고상 가옥을 짓는 것은 기온이 높고 비가 많이 와서 항상 덥고 습하기 때문이야. 집을 높이 올려 지으면 땅에서 습기가 올라오지 않고 바람이 잘 통하잖아. 또 사나운 짐승이나 벌레로부터도 좀 더 안전하고, 비가 많이 와도 물이 집 안으로 들어올 염려가 적단다.

미낭카바우족 인도네시아는 우리나라처럼 하나의 민족이 아니라 여러 종족으로 이뤄져 있어요. 미낭카바우족은 인도네시아에서 네 번째로 인구가 많은 종족으로, 이슬람교를 믿고 전통을 중시해요. 또 어머니 쪽의 핏줄을 중요하게 여기기 때문에 아버지가 아닌 어머니 중심으로 살아가요.

나무 위의 집은 안전하고 시원해

나무 위에 집을 짓고 산다면 어떨까? 나무 위에서 떨어질까 봐 아슬아슬하겠다고? 호주의 북쪽 서태평양에 있는 뉴기니 섬은 숲이 울창하고 무더우며 비가 많이 오는 곳이야. 이 섬에서 원시 생활을 하는 코로와이족은 높은 나무 위에 집을 짓고 산단다.

그 까닭은 다른 부족이나 짐승, 해충으로부터 가족과 재산을 지키기 위해서야. 높은 나무 위에 집이 있으면 적이나 짐승이 오는지 망을 볼 수도 있고,

코로와이족은 나무 위에 집을 짓고 살아. 나무 위에 집이 있으면 짐승과 해충으로부터는 안전하지만 불편한 점도 많겠지?

설사 쳐들어온다 해도 좀 더 안전하잖아. 물론 나무 위의 집이니까 한층 시원하고 습기도 덜 차겠지?

대체 나무 위에 어떻게 집을 짓느냐고?

우선 굵고 단단한 나무를 골라 높은 곳에 있는 가지를 쳐 낸 뒤 평평한 바닥을 만들어. 그다음 그 위에 나뭇가지와 줄기로 벽과 지붕을 촘촘히 엮고 지붕에 나뭇잎을 덮으면 끝이야. 물론 집을 오르내릴 때는 사다리나 밧줄을 이용해야 해.

일곱 번째 이야기 이탈리아

알베로벨로

검정 고깔모자를 쓴 하얀 돌집, **트룰로**

이탈리아 남부 풀리아에 있는 작은 도시 알베로벨로는 동화 속 마을처럼 아름다워요. 그건 '트룰로'라는 돌집이 빽빽이 들어서 있기 때문이에요.

트룰로는 벽은 원통 모양으로 하얗고, 지붕은 원뿔 모양이며 거무스름해요. 그래서 마치 하얀 집들이 검정색 고깔모자를 쓰고 있는 것처럼 보여요.

하지만 트룰로에는 옛날 농부들의 가슴 아픈 이야기가 얽혀 있어요. 대체 어떤 이야기일까요?

16세기의 일이었어요. 이탈리아의 한 백작이 알베로벨로를 다스리게 되었어요. 그때 알베로벨로는 석회암으로 뒤덮인 거친 돌밭이었지요.

"내가 이 돌밭을 기름진 농장으로 만들고야 말겠어!"

백작은 이렇게 결심하고 이탈리아 곳곳에서 많은 농부들을 끌어모았어요.

그 무렵 이탈리아는 스페인 왕실이 지배하고 있었어요. 스페인 왕실은 알베로벨로에 몇 채의 집이 있는지를 보고서 세금을 매기기로 했어요. 백작은 머리를 짜내더니 농부들에게 이렇게 지시했어요.

"돌밭에 있는 돌로 집을 짓고 벽을 하얗게 칠하게. 또 지붕을 얹을 때는 접착제도 쓰지 말고, 칠도 하지 말고, 돌만 쌓게나. 그래서 왕실에서 집 조사를 하러 오면 지붕을 재빨리 걷어 내는 거야!"

백작의 속셈은 농부들의 집을 임시로 지은 집처럼 보이게 하려던 것이었어요. 그러면 진짜 집이 아니라서 세금을 덜 낼 수 있으니까요.

알베로벨로의 트룰로는 이렇게 탄생했어요. 그런데 뜻밖에도 트룰로는 멀리서 보면 무척 아름다웠어요. 그래서 스페인이 물러간 뒤에도 알베로벨로 사람들은 집을 트룰로 방식으로 짓게 되었어요. 물론 처음보다는 훨씬 튼튼하고 더 공을 들여 지었지만요.

트룰로는 벽과 지붕을 모두 납작한 석회암을 쌓아서 지은 돌집이에요. 벽은 돌을 쌓은 뒤 하얗게 칠했지만, 지붕은 원뿔 모양으로 뾰족하게 쌓아올리기만 하고 칠은 하지 않아 거무스름해요.

트룰로는 한 채의 집에 원뿔 모양 지붕이 여러 개씩 있어요. 한 개의 방 위에 한 개의 원뿔 지붕을 얹기 때문이에요. 방이 두 개면 원뿔 지붕이 두 개, 방이 다섯 개면 원뿔 지

붕이 다섯 개가 되지요.

트룰로의 지붕에는 둥근 쟁반, 공 모양의 장식이 달려 있어요. 또 십자가, 하트, 별, 태양, 달, 솟대 등의 무늬가 그려진 지붕도 있고요. 알베로벨로 사람들은 그런 장식과 무늬가 나쁜 기운으로부터 집을 보호해 준다고 생각한대요.

알베로벨로 이탈리아 남부 풀리아 주에 있는 작은 도시예요. 드넓은 석회암(동물의 뼈나 껍질이 쌓여 생겨난 돌. 시멘트, 석회, 비료 따위의 원료로 쓰여요) 지대에 자리잡고 있어요. 부근에서는 포도, 올리브, 아몬드 등을 재배해요.

영국 코츠월드의 오래된 돌집들

영국의 코츠월드에는 몇백 년 전에 지은 돌집들이 있어. 코츠월드는 런던에서 서쪽으로 120km 정도 떨어진 곳에 있는데, 옛날 영국 마을의 모습이 고스란히 남아 있어 영국 사람들이 무척 사랑하는 곳이란다.

영국 코츠월드의 돌집들도 트룰로처럼 석회암을 층층히 쌓아올려 만든 집이야. 창문이 무척 작은데 그건 몇백 년 전에 이 집들을 지을 때 유리가 무척 비쌌기 때문이라지?

지구촌 이런 집

하란의 흙집은 트룰로와 쌍둥이?

터키 하란의 전통 흙집은 집을 지은 재료는 다르지만 알베로벨로의 트룰로와 모습이 비슷해. 고깔을 뒤집어쓴 것도 같고, 도토리 반쪽을 엎어 놓는 것 같기도 하거든.

터키 남동부의 우르파 주에는 하란이라는 역사 깊은 고장이 있어. 우르파 주 발리크 강가에 있는 마을인데, 구약성서에 따르면 기원전 2000년쯤 이스라엘 민족의 조상인 아브라함과 그 가족이 오랫동안 머물렀다는 곳이야.

하란에는 집을 지은 재료나 색깔은 다르지만 알베로벨로의 트룰로와 아주 비슷하게 생긴 전통집이 있어. 고깔을 뒤집어쓴 것 같기도 하고, 도토리 반쪽을 엎어 놓은 것 같기도 해.

하란의 흙집은 햇볕에 말린 진흙 벽돌을 네모나게 쌓고 둥근 지붕을 만든 뒤, 겉에 짐승 똥을 바른 집이야. 햇빛이 들어올 수 있게 지붕에는 구멍을 몇 개씩 뚫어 놓았단다.

하란의 흙집은 이탈리아 트룰로처럼 한 집에 지붕이 여러 개야. 또 집들이 하나하나 떨어져 있지 않고 몇 채씩 다닥다닥 붙어 있단다.

트룰로의 고깔모자 모양 지붕에는 십자가, 하트, 별, 태양, 달, 솟대 등의 무늬가 그려져 있어.

여덟 번째 이야기

일본 시라카와고와 고카산

눈이 많이 와도 끄떡없는 갓쇼즈쿠리

일본 기후 현과 도야마 현에 있는 시라카와고와 고카산 마을은 겨울에 눈이 무척 많이 내려요. 이곳에 있는 독특한 전통집, 갓쇼즈쿠리는 바로 눈 때문에 생겨난 집이에요. 갓쇼즈쿠리와 눈, 이 둘은 대체 어떤 관계일까요?

눈싸움 하자!

일본 에도 시대, 어느 해의 가을이었어요. 누에를 쳐서 살아가는 시라카와 고와 고카산 마을 사람들은 걱정이 이만저만 아니었어요. 다가오는 겨울에도 큰 고생을 할 게 뻔했거든요.

이 마을들은 높은 산으로 둘러싸인 데다 바다와 가까웠어요. 겨울이면 눈이 많이 내려 눈사태로 집이 무너지고, 애써 지은 누에 농사도 망치기 일쑤였지요. 마을 사람들은 머리에 머리를 맞대고 생각을 모았어요.

"올 겨울엔 어떻게든 눈사태를 피했으면 좋겠는데, 무슨 방법이 없을까요?"

"집 천장을 높게 하고 지붕의 경사를 아주 급하게 만들면 어떨까요? 지붕에 눈이 덜 쌓이고, 땅바닥으로 미끄러져 내릴 거 아녜요?"

"오호! 그럴듯한 생각인데요?"

사람들은 생각한 대로 새 집을 몇 채 지어 보았어요. 그랬더니 그해 겨울, 아무리 많은 눈이 와도 집이 무너져 내리지 않았어요.

일본의 대표적인 전통집인 '갓쇼즈쿠리'는 이렇게 해서 세상에 첫선을 보이게 되었어요.

'갓쇼즈쿠리'란 '합장 가옥'이란 뜻이에요. 합장은 두 손을 가슴께로 한데 모아 뾰족하게 세운 모습이고요.

이름 그대로 갓쇼즈쿠리는 두 손을 한데 모아 세운 것처럼 지붕 끝이 뾰족하고 경사가 아주 가팔라요. 몸체는 나무를 엮고 진흙을 발라 만들고, 지붕엔 말린 억새풀을 밧줄이나 덩굴손으로 엮어 두텁게 얹지요. 지붕이 어찌나 뾰족하고 긴지, 옆에서 보면 거의 땅에 닿을 듯해요.

갓쇼즈쿠리의 실내는 보통 3층으로 돼 있어요. 1층에선 가족들이 생활하고, 지붕 바로 아래 다락방처럼 꾸민 2~3층에선 누에를 기를 수 있어요. 누에 농사를 하려면 넓은 뽕밭도 필요하지만 누에가 고치를 짓고 실을 뽑는 실내 공간도 필요하거든요.

갓쇼즈쿠리의 또 하나의 특색은 지붕 바로 아래에 창문이 있다는 거예요. 눈이 많이 와서 1층 현관이 파묻히면 이 창문을 출입문으로 사용해요.

갓쇼즈쿠리는 20~30년마다 지붕을 새로 얹어야 해요. 그런데 지붕을 워낙 두껍게 하기 때문에 일손이 많이 필요해요. 그래서 어떤 집에 새 지붕을 얹을 때면 온 마을 사람들이 한데 모여 힘을 합친답니다.

일본 전통집의 다다미

다다미는 일본 전통집의 방바닥에 까는 걸 말해. 속에 짚을 5cm 두께로 넣고 위에 돗자리를 사각형 모양으로 씌워서 꿰맨 것이지.
일본은 섬나라라서 여름이 길고 후덥지근하며 습기가 무척 많아. 그런데 다다미를 깔면 습기가 올라오지 않아 한층 시원하고 기분 좋게 지낼 수 있단다.

에도 시대 일본 역사 중 1603~1867년까지를 뜻해요. 이때는 에도(도쿄의 옛 이름)가 정치의 중심지였고, 쇼군(일본의 장군을 일컫는 말)이 권력을 잡아 일본을 지배했어요.

지구촌 이런 집

러시아의 전통 통나무집 이즈바

일본은 목조 주택, 즉 나무로 지은 집이 많아. 섬나라라서 지진이 자주 일어나기 때문이야.

지진이 잦은 곳에 돌과 시멘트, 철근을 잔뜩 집어 넣어 집을 짓는다고 생각해 봐. 지진이 나면 집이 와르르 무너져 엄청난 피해를 주겠지?

하지만 목조 주택은 가볍기 때문에 지진이 일어나도 큰 피해를 주지 않는단다.

북유럽과 러시아 등에서도 예전엔 나무집을 많이 지었어. 일본처럼 지진이 자주 일어나서 그랬냐고? 아니, 숲이 많아 나무를 쉽게 구할 수 있었기 때문이야.

특히 러시아의 통나무집 '이즈바'는 아주 유명해. 이즈바는 자작나무, 소나무, 전나무 따위를 통으로 잘라 켜켜이 쌓아 만든 집이야.

이즈바에는 주로 농민들이 살았어. 그래서 도시에선 거의 찾아볼 수 없고 농촌 마을이나 오지에서만 볼 수 있단다.

진정한 웰빙 하우스라 할 수 있지!

헝가리 홀로쾨의 아름다운 옛집

헝가리 북구 노그라드주에는 17~18세기의 전통과 풍습을 고스란히 지키며 살아가고 있는 사람들이 있어. 전통 마을인 홀로쾨에 사는 사람들이야.

이곳 사람들은 자기들만의 독특한 전통 의상을 입고 축제를 즐기며 살아간단다. 마을에 있는 집과 건물 역시 300여 년의 역사를 자랑하는 아름답고 독특한 집들이야.

이 마을의 집은 원래는 나무로 뼈대를 만들고 벽은 진흙과 짚을 섞어 세운 뒤 회칠을 하고 초가지붕을 얹었어. 그런데 불이 자주 나자 20세기부턴 지붕을 타일로 바꿨다고 해. 또 이 마을의 집들은 집 앞과 옆으로 기다란 발코니가 있는 게 특징이야.

러시아의 이즈바는 농민들이 살던 집이야. 주변에 흔한 나무들을 통으로 잘라 켜켜이 쌓아 만든 통나무집이지.

아홉 번째 이야기

그리스 산토리니 섬

화산섬 절벽 위에 눈부시게 하얀 집들이!

그리스의 앞바다, 에게 해에는 크고 작은 섬들이 무척 많아요. 그 중에서도 산토리니 섬은 '에게 해의 진주'라 불릴 정도로 무척 아름다워요. 새파른 바다 한가운데 떠 있는 산토리니 섬은 온통 새하얘요. 가파른 절벽을 따라 하얀 집들이 빽빽이 자리잡고 있거든요. 산토리니 섬과 하얀 집 사이엔 어떤 이야기가 숨어 있을까요?

하얀 보석으로 만든 집 같지?

옛날 그리스 산토리니 섬에는 물이 아주 부족했어요. 짜디짠 바닷물이야 차고 넘쳤지만 말이에요. 사람들은 농사를 짓거나 생활하는데 필요한 물을 빗물을 받아서 썼어요.

그런데 빗물은 더러운 데다 자주 내리지도 않았어요. 사람들은 모두 이렇게 생각했어요.

'비가 많이 오는 계절에 빗물을 깨끗이 받아 저장할 수 있으면 좋으련만…….'

어느 날, 마을 사람들이 좋은 생각을 해냈어요.

"집집마다 옥상과 벽에 하얀 석회칠을 합시다. 석회는 먼지와 세균을 없애는 성질이 있으니까, 옥상에 고이거나 벽으로 흘러내리는 물을 깨끗하게 할 수 있어요."

"집집마다 지하에 물탱크도 만들어요. 옥상에 고이거나 벽을 타고 흘러내린 깨끗한 빗물을 물탱크에 저장했다가 쓰는 거예요."

사람들은 곧 자기 집의 옥상과 벽을 하얗게 칠하고 지하엔 물탱크를 만들었어요. 덕분에 깨끗한 빗물을 물탱크에 저장해 오래오래 쓸 수 있었지요.

그 뒤 산토리니 섬 사람들은 해마다 비가 많이 오는 철이 다가올 때면, 미리 집 구석구석을 새하얗게 칠했어요.

그리스 에게 해의 산토리니 섬은 초승달처럼 길쭉하게 생겼어요. 원래는 보름달 모양이었는데, 기원전 1500년쯤 화산이 폭발하면서 섬 한가운데가 물속으로 가라앉아 그런 모양이 된 거예요.

화산 활동으로 생겨난 화산섬, 산토리니 섬은 전체가 절벽으로 이뤄져 있어요. 사람들이 사는 집도 모두 높이가 100~300m나 되는 절벽 위에 지어져 있어요. 그래서 나루에서 마을로 가려면 당나귀와 노새, 케이블카를 타거나 566개나 되는 계단을 걸어 올라가야 해요.

산토리니 섬의 집들은 사각형의 몸체에 둥근 지붕이 있는데, 모두 새하얘요. 더러 지붕과 창문은 파랑이나 빨강으로 색칠한 집도 있지만요. 집을 하얗게 칠한 까닭은 여러 가지가 있어요. 그 중 하나는 위 이야기처럼 빗물을 깨끗하게 받아 쓰기 위한 것이었지요.

산토리니 섬 사람들은 지금은 물 때문에 고민하지 않아요. 깨끗한 물을 실은 커다란 탱크로리가 육지와 산토리니 섬 사이를 부지런히 왔다 갔다 하기 때문이에요.

에게 해 유럽, 서아시아, 북아프리카 등 세 개의 대륙에 둘러싸인 지중해의 동쪽 바다예요. 기원전 2000년 무렵부터 이곳을 중심으로 문명이 꽃피고, 그리스 문화도 크게 발전했어요.

산토리니 섬 그리스 에게 해의 중심이며 39개의 섬이 모여 있는 키클라데스 제도 남쪽에 있는 섬이에요. 이 섬의 사람들은 포도주와 시멘트 재료인 광석을 생산하고 관광업을 하며 살아가고 있어요.

지구촌 이런 집

스페인 카사레스, 언덕 위의 하얀 집

스페인 남부의 역사적인 지방 안달루시아에는 하얀 마을이 있어. 바로 카사레스라는 작은 마을이야.

안달루시아에는 아름답기로 유명한 하얀 마을이 다섯 군데 있는데, 그 중에서도 카사레스가 으뜸이야. 카사레스는 바닷가에서 14km나 떨어져 있지만 맑은 날에는 짙푸른 지중해뿐 아니라 수평선 너머 아프리카 대륙까지 보인단다. 그건 마을이 높은 언덕 아래에 자리잡고 있기 때문이야.

카사레스 마을의 집은 온통 흰색으로 칠해져 있어. 지붕만은 모두 베이지색으로 꾸몄지만 말야. 집과 마을을 온통 하얗게 꾸민 까닭은 역시 강한 햇살을 막기 위한 것이야.

언덕 아래에 자리잡고 있는 스페인의 작은 마을 카사레스는 강한 햇살을 막기 위해 모든 집을 하얗게 칠했어. 다만 지붕은 한결같이 베이지색으로 꾸며 모든 집이 쌍둥이 같단다.

하얀 마을 카사레스는 세계에서 꼭 가 봐야 할 아름다운 여행지로 곧잘 꼽혀. 아름다운 풍경에 반해 자기 나라를 떠나 아예 카사레스로 와서 사는 외국인들도 많단다.

에게 해 섬의 집들이 새하얀 또 다른 까닭

산토리니 섬뿐만 아니라 에게 해의 섬에 있는 집과 건물들은 대부분 하얀 칠을 해 놓았어.
에게 해의 섬은 날씨는 좋지만 햇살이 아주 강하단다. 그래서 햇살을 반사시켜 집 안을 좀 더 시원하게 하려고 집을 하얗게 꾸민 거야. 흰색은 열을 반사시키는 성질이 있거든.
또 하나는 역사와 관계가 있어. 옛날 오스만 제국(지금의 터키의 옛 왕조)이 그리스를 점령했을 때 그리스 사람들은 저항의 표시로 그리스 국기에 있는 색으로 집을 칠했다는구나. 그래서 몸체는 국기의 십자가 색인 흰색으로, 지붕은 국기에 있는 또 다른 색인 파란색으로 칠했다고 해.

열 번째 이야기

중국 베이징

정원을 삥 둘러싼 네모난 집, 사합원

중국은 각 지방마다 색다른 전통집들이 있지만, 그 중에서도 사합원이 가장 널리 알려져 있어요. 사합원은 네 개의 집채가 가운데에 있는 정원을 향해 동서남북에서 삥 둘러싼 집이에요. 중국의 북부 지방, 특히 수도인 베이징의 뒷골목에 가면 요즘도 사합원을 볼 수 있어요.

중국의 역사가 담긴 사합원 이야기를 들어볼까요?

"이제부터 중도를 원나라의 수도로 삼고, 이름도 '대도'로 바꿀 것이다. 그리고 대도를 새로운 도시로 만들 것이다!"

1267년, 원나라 황제 쿠빌라이 칸은 이렇게 말했어요.

쿠빌라이 칸은 몽골 제국을 세운 칭기즈 칸의 손자예요. 그는 한족이 다스리던 중국을 통일하겠다는 꿈을 갖고 있었어요. 그래서 새로이 원나라를 세우고, 몽골 제국의 화려했던 수도인 카라코룸도 과감히 버렸어요.

중도는 지금의 베이징인데, 그때는 금나라의 수도였어요. 그런데 1215년 칭기즈 칸이 이끄는 몽골 군대가 중도를 차지하고 쑥대밭으로 만들었어요. 그 뒤 중도는 50여 년 동안 폐허로 버려져 있었지요.

쿠빌라이 칸은 중도를 새 수도로 정한 뒤, '위대한 칸이 사는 도시'란 뜻에서 '대도'라 이름 지었어요. 몽골어로는 '칸발리크'였어요.

쿠빌라이 칸은 칸발리크에 황궁을 짓고 성벽과 성문도 새로 쌓았어요. 또 우물을 중심으로 골목길을 내서, 그 양쪽에 사람들이 사는 집을 짓게 했어요. 그게 바로 지금 베이징 뒷골목에서 볼 수 있는 사합원이에요.

사합원은 '네 개(四)가 합쳐져(合) 있는 집

유교적인 질서가 담긴 사합원

중국 사람들은 예로부터 '하늘은 둥글고 땅은 네모나다'라는 생각을 갖고 있었어. 사합원 역시 이런 전통사상에 따라 지은 집이란다.

사합원은 네 개의 집채로 이뤄져 있어. 가장 안쪽에 있고 햇빛이 잘 드는 남쪽 본채는 한 집안의 가장 높은 어른이 지내는 곳이야. 또 동서 양쪽의 집채는 그 자녀들이 쓰고, 대문 가까이 있는 북쪽 집채는 하인들이 살거나 손님을 맞는 사랑채로 쓴단다.

많은 식구가 사는 대가족이라면 사합원의 뒤쪽이나 동서쪽 밖으로 또 다른 사합원을 잇대어 아주 커다란 사합원을 짓기도 했어.

(院)'이란 뜻이며, 중국말로는 '쓰허위안'이라고 해요. 이름 그대로 네 개의 집채가 가운데에 있는 정원을 향해 동서남북 사방에서 삥 둘러싸고 있어요. 그래서 높은 곳에서 내려다보면 네모반듯한 'ㅁ'자 모양으로 보여요. 집 밖에는 높은 담이 둘러져 있고요.

사합원은 2000여 년 전인 한나라 때부터 중국 북서부 지방에서 생겨난 집이에요. 중국 북부 지방은 겨울에 춥고 봄에 바람이 많이 불어, 사방이 막혀 추위와 바람을 피할 수 있는 집이 필요했거든요. 이런 집은 외적이 침입해도 훨씬 안전했고요.

베이징에 있는 사합원들은 주로 원나라 때부터 지어지기 시작했어요. 지금 남아 있는 집도 대부분 명나라와 청나라 때 지어진 것들이에요.

베이징의 사합원은 예전보다는 많이 줄었어요. 2008 베이징 올림픽을 앞두고 깨끗한 도시를 만든다며 뒷골목과 함께 사합원을 많이 정리했기 때문이에요. 하지만 아직도 많은 사람들이 사합원에 살고 있어요.

베이징 중국의 수도이자 세계 최대 도시 가운데 하나예요. 원나라 때인 1267년에 '대도'라는 이름으로 수도로서 신도시가 건설됐고 이후 명, 청 시대의 짧은 기간을 빼고는 800년 가까이 중국의 중심으로서 자리를 지켜 왔어요.

휴대용 사합원을 구입했지!

중국 그림 속의 마을, 홍춘의 전통집

혹시 〈와호장룡〉이란 중국 영화를 본 적 있니? 들도 보도 못한 영화라고? 하긴, 엄마 아빠들은 잘 아는 유명한 영화지만 너희들은 잘 모를 거야.

그 영화는 19세기 청나라 말기의 마지막 무사들의 이야기를 다룬 건데, 중국의 한 아름다운 전통 마을을 무대로 하고 있어. 바로 중국 안후이성 남쪽 황산 아래에 있는 홍춘(중국말로는 '굉촌') 마을이야.

홍춘은 원래 송나라 때 처음 생겨났어. 그런데 명나라 때 한 족장이 계곡물을 끌어들여 마을에 커다란 연못을 만들고 그 주위에 새 집들을 지었어. 그 뒤 청나라 때까지 독특한 집들이 계속해서 지어졌지.

지금 홍춘에 남아 있는 집들은 대부분 명, 청 시대에 지은 것이야. 흰 석회벽에 검푸른 기와지붕을

홍춘에는 커다란 연못 주위에 아주 예스러운 집들이 그림처럼 늘어서 있어. 대부분 명, 청나라 시대에 지은 집들인데 흰 석회 벽에 검푸른 기와지붕이 아주 아름답단다.

엊었는데, 오랜 역사를 지닌 집들답게 예스럽단다.

 홍춘은 산 아랫자락에 있어 늘 안개와 구름이 끼기 때문에 마치 중국 산수화 속에 나오는 마을 같아. 그래서 곧잘 '중국 그림 속의 마을'이라 불리기도 해.

흙벽돌로 지은 인디언들의 아파트, 푸에블로

미국 뉴멕시코 주 타오스에는 '푸에블로 데 타오스'라는 인디언 마을이 있어요. 이곳의 인디언들은 붉은 흙벽돌로 지은 '푸에블로'라는 커다란 집에서 여러 가구가 모여 살아요. 오늘날의 공동주택인 아파트처럼 말이에요.

옛날, 아름다운 푸에블로 인디언 처녀가 마을길을 걷고 있었어요. 그때 어디선가 불꽃 화살이 날아와 처녀를 맞혔어요. 그 화살은 바로 태양신이 쏜 생명의 화살이었어요.

처녀는 곧 아기를 가졌고 열 달 뒤 잘생긴 사내아이를 낳았어요.

아기는 무럭무럭 자라 소년이 되었어요. 하지만 마을 아이들은 아비 없는 아이라며 소년을 따돌렸어요. 슬픔에 잠긴 소년은 아버지를 찾아 먼 길을 떠났어요.

어느 날 소년은 화살을 만드는 궁시장을 만났어요. 궁시장은 소년이 태양신의 아들인 걸 알고, 화살에 태워 태양으로 날려 보냈어요.

하지만 태양신은 소년을 쉽게 받아들이지 않고 이렇게 말했어요.

"사자, 뱀, 벌, 번개가 있는 네 개의 키바를 헤쳐 나오너라. 그러면 내가 너를 아들로 인정하리라."

네 개의 키바는 무시무시하고 험했지만, 소년은 무사히 헤쳐 나왔어요. 그제야 태양신은 소년을 꼭 껴안았어요.

"과연 내 아들이다. 내가 너에게 태양의 힘을 듬뿍 불어넣어 주겠다."

힘센 사람이 된 소년은 다시 화살을 타고 인디언 마을로 돌아왔어요. 푸에블로 인디언들은 소

아슬아슬 절벽 위에 지은 집

아프리카 말리에는 반디아가라 고원이 있어. 이곳엔 높이가 100~150m 정도 되고 길이가 150km나 되는 절벽을 따라 도곤족의 집이 옹기종기 들어서 있단다.

도곤족의 집은 진흙벽돌로 지은 집이야. 살림집은 지붕을 납작하게 하지만, 창고로 쓰는 집은 밀집 이엉을 원뿔처럼 덮어 지붕을 뾰족하게 해.

아프리카 도곤족의 전통 흙집은 가파른 절벽 위에 아슬아슬하게 지어져 있어. 외적의 침입에 대비하려고 일부러 험한 절벽 위에 집을 지은 거야.

년이 신의 아들인 것을 알고, 기쁘게 맞이했어요.

미국 뉴멕시코 주 타오스에 사는 푸에블로 인디언들에게는 이런 이야기가 전해 내려와요. 이 이야기에 나오는 '키바'는 푸에블로 인디언들이 사는 집, 푸에블로에 있는 종교적인 공간이에요.

푸에블로는 아파트처럼 여러 가구가 함께 모여 사는 커다란 공동주택이에요. 생긴 모습도 마치 저층 아파트 같아요. 타오스에는 1000~1450년 경에 지어진 두 채의 푸에블로에 인디언들이 살고 있어요.

푸에블로는 붉은색의 흙벽돌인 '아도비 벽돌'을 쌓아 짓고 겉에도 흙칠을 해요. 4~5층 규모의 건물이 서로 이어져 있는데, 지하에는 예배나 의식을 치르는 '키바'를 두어요.

푸에블로의 출입문은 맨 꼭대기 지붕에 있어, 사다리를 타고 올라가야 해요. 외적의 침입에 대비해 가장 높은 곳에 출입문을 둔 거예요. 안에서 아래층과 위층 사이를 오르내릴 때도 사다리를 이용해요.

푸에블로 인디언 1만여 년 전부터 뉴멕시코 주에서 살아온 원주민이에요. 16세기에 스페인 침략을 받으면서 백인의 지배를 받기 시작했어요. 예로부터 옥수수, 콩, 목화 등 농사를 지으며 살았고, 음식을 만들어 먹는 일을 빼고는 부족장을 중심으로 모든 일을 전통적인 방식에 따라 공동으로 해 나가요.

지구촌 이런 집

중국 객가족의 공동주택, 토루

도넛처럼 둥글게 생긴 아파트, 혹은 가운데가 뻥 뚫린 사각형 모양의 아파트가 있을까?

아파트는 아니지만, 중국의 푸젠성과 광둥성에는 정말 그렇게 생긴 공동주택들이 있단다. 중국 소수 민족인 객가족이 사는 집인데, 이름은 '토루'라고 해.

객가족은 1270년경 남송이 멸망하면서 이곳으로 흘러들어온 사람들이야. 이들은 외진 곳에 높은 담을 치고 거대한 성채 같은 토루를 지어 자기들끼리 한데 모여 살았어. 원래 이 지역에 살던 사람들과는 어울리기 힘들었던 데다, 외적이

중국 객가족이 사는 토루는 높은 담을 따라 3~6층 높이로 지은 공동주택이야. 원 모양도 있고 사각형 모양의 토루도 있어.

나 도둑이 들 위험이 컸기 때문이야.

토루는 정사각형이나 원형으로 높은 담을 한 바퀴 두르고, 담을 따라 3~6층 높이의 집을 지은 거야. 보통 토루 한 채에 20~40가구가 모여 사는데, 아주 큰 토루는 방이 4백여 개나 된단다.

열두 번째 이야기

안동 하회마을

조선 시대 **기와집**과 **초가집**이 한곳에

　한옥은 우리나라의 전통집을 일컫는 말이에요. 여러 가지 종류가 있지만 가장 대표적인 것은 기와집과 초가집이지요.

　한옥은 자연에서 얻을 수 있는 재료인 나무, 짚, 흙 등으로 지어요. 마루와 온돌이 있어 여름에는 시원하고 겨울에는 따뜻하며, 공해가 없고 건강에도 아주 좋아요. 우리나라에는 전통 한옥이 고스란히 보존돼 있는 민속 마을이 여러 곳에 있어요. 그 가운데 세계적으로 가장 이름난 곳이 한곳 있답니다.

1999년 4월 21일, 경북 안동 하회마을은 잔칫집처럼 북적이고 들썩거렸어요. 영국의 엘리자베스 2세 여왕이 이 마을을 방문했기 때문이에요.

이날 오전 엘리자베스 여왕은 초가집이 빼곡히 들어찬 마을길을 지나 '충효당'이라는 전통 한옥에 다다랐어요. 충효당은 지은 지 오백 년이 가까운 전통 기와집으로, 임진왜란 때 영의정을 지낸 서애 류성룡의 집이에요.

충효당 안마당에 들어선 여왕은 우리 한옥의 정취와 아름다움에 반해 "오, 원더풀!"이라고 말했어요. 또 신발을 벗은 채 맨발로 안채 마루에 올라가, 조선 시대 양반가 안주인이 쓰던 안방도 둘러 보았어요.

이어서 여왕은 풍천 류씨 후손이 사는 '담연재'라는 전통 한옥에 가서 우리 전통 음식으로 차린 생일상을 받고 하회별신굿 탈놀이를 구경했어요. 이날은 엘리자베스 여왕의 일흔세 번째 생일이었거든요.

엘리자베스 여왕이 하회마을을 방문한 모습은 전 세계의 텔레비전을 통해 보도되었어요. 덕분에 하회마을은 세계적으로 유명한 민속 마을이 되었지요.

경북 안동시 풍천면에 있는 하회마을은 우리말로 풀이하면 '물돌이 마을'이에요. 낙동강이 마을을 S자 모양으로 한 바퀴 휘감아 돌면서 흘러간다고 해서 그런 이름을 갖게 되었어요.

하회마을은 고려 말인 13세기부터 풍천 류씨 집안이 대를 이어 살아온 양반 마을이에요. 특히 《징비록》을 쓴 서애 류성룡 시절에 크게 번창했고요.

　하회마을은 마을 전체가 중요 민속자료 122호로 지정되어 있어요. 또 충효당을 비롯한 오래된 한옥 십여 채는 중요 민속자료와 보물로, 하회탈과 병산탈, 《징비록》은 국보로 지정되었어요.

　하회마을에는 아주 오래된 전통 한옥들이 조선 시대의 모습 그대로 보존돼 있어요. 마을 가운데에 남북으로 난 큰길을 끼고 중심부에는 양반들이 살았던 기와집이 있고, 주변에는 하인들이 살던 초가집이 있어요.

엘리자베스 2세 여왕(1926~) 영국을 포함한 16개 나라의 여왕이에요. 1952년에 조지 6세의 뒤를 이어 왕위에 올랐어요. 1999년 김대중 대통령의 초청으로 우리나라를 방문해 안동 하회마을과 이화여대 등을 다녀갔어요.

서애 류성룡(1542~1607)과 《징비록》 조선 시대 때 여러 벼슬을 두루 거치고, 임진왜란 때 영의정이 되어 일본으로부터 나라를 구하는 데 큰 공을 세운 분이에요. 특히 임진왜란이 끝나고 벼슬에서 물러난 뒤 《징비록》을 썼는데, 임진왜란을 이겨 낸 내용을 후세들이 거울로 삼도록 기록한 책이어서 국보로 지정됐어요.

하회별신굿 탈놀이 경상북도 안동시 하회마을에서 예로부터 전승되어 온 탈놀이예요. 마을을 지키는 수호신인 성황님에게 마을이 평화롭고 농사가 잘되게 해 달라고 기원하며 탈을 쓰고 굿을 하지요. 이 탈놀이는 주로 파계승(불교에서 지켜야 할 계율을 어긴 중)과 양반을 비웃고, 백성들의 고단함을 보여 주는 내용으로 이뤄져 있어요.

지구촌 이런 집

충효당을 통해 보는 조선 시대 양반들의 기와집

   기와로 지붕을 얹은 집을 기와집이라고 해요. 기와지붕은 시간이 오래 흘러도 썩거나 모양이 변하지 않아요. 바람에 지붕이 날아갈 염려도 없고, 불도 쉽게 옮겨 붙지 않지요. 날렵하게 뻗은 기와지붕의 모습은 보기에도 아름다워요.

   기와집에는 예로부터 양반이나 부유한 사람들이 살았어요. 기와가 비쌌기 때문이에요. 또 기와집은 남자와 여자가 머무는 공간이 서로 달랐어요.

   높이 솟은 대문을 들어서면 바로 보이는 곳이 사랑채예요. 사랑채는 집안의 가장인 남자 어른이 생활하면서 손님을 맞이하던 곳이에요. 주로 사랑방과 대청마루로 이뤄져 있어요.

   안채는 안주인을 비롯한 여자들이 사는 공간이에요. 대문에서 가장 먼 곳에 자리를 잡아 다른 사람이 쉽게 들어오지 못하게 했어요. 안채는 안방, 마루, 건넌방, 부엌 등으로 이뤄졌어요. 결혼하기 전의 딸들이 사는 별채, 남자 아이들이 글공부를 하는 서당이 마련된 집도 있었어요.

이밖에 벼슬 높은 양반의 집에는 조상의 위패를 모셔 놓고 제사나 차례를 지내는 사당이 따로 있기도 했어요. 또 대문 양쪽에는 하인들이 사는 행랑채도 두었지요.

충효당(보물 414호)

충효당은 임진왜란 때 영의정을 지낸 서애 류성룡의 종가예요. 충효당은 긴 일자형 행랑채를 두고 안쪽으로 'ㅁ'자 모양의 안채와 ' '자 모양의 사랑채가 있고, 그 뒤에 사당이 있어요.

충효당 사랑채

충효당의 사랑채는 솟을대문을 들어서면 바로 나오는데, 일자형으로 되어 있고 마루 위쪽에 '충효당(忠孝堂)'이란 글씨를 쓴 현판이 걸려 있어요.

충효당 안채

충효당 안채는 안마당을 둘러싸고 'ㅁ'자 형태로 집채들이 자리잡고 있어요. 왼쪽에 부엌이 있고, 그 오른쪽 정면에 세 칸짜리 안방이 있어요. 안마당에는 장독대와 작은 꽃밭도 있어요.

충효당 사당

서애 류성룡 선생과 그 4대조의 신위가 모셔져 있어요. 조상의 은덕을 기리며 제사와 차례를 지내는 곳이에요.

지구촌 이런 집

우리나라의 여러 가지 전통집

농촌의 초가집

초가집은 볏짚이나 억새, 갈대, 띠, 풀 등으로 이엉을 얹은 집이에요. 벼슬이 없는 일반 백성들이나 가난한 선비들이 살았어요. 보통 농촌에서는 볏짚을 가장 많이 썼고, 산간 지방에서는 억새·갈대 등을 썼어요.

초가집은 여름에는 시원하고 겨울에는 따뜻해요. 또 겉이 매끄러워 두껍게 덮지 않아도 빗물이 잘 스며들지 않아요. 초가집은 방이 한 칸이나 두 칸이어서 한 가족이 옹기종기 모여 지냈어요.

산간 지방의 너와집

짚을 구하기 힘든 산골에서 쉽게 구할 수 있는 나무를 쪼개 물고기 비늘처럼 지붕을 인 집이에요. '너와'는 나무를 기와처럼 쪼갠 널쪽을 뜻해요.

너와집은 나무판들 사이에 바람이 잘 통하는 틈새가 있어 여름에 시원하고 겨울에는 따뜻해요. 그러나 지붕 군데군데에 돌을 얹어 나무판이 바람에 날아가지 않도록 조심해야 해요.

제주도의 돌집

제주도는 바람이 많이 부는 곳이에요. 그래서 집을 지을 때도 지붕에 이엉을 얹은 뒤 굵은 밧줄을 바둑판처럼 촘촘히 잡아매거나 돌을 달았어요. 담장도 돌로 쌓아 거센 바람에 무너지지 않도록 했지요.

울릉도의 투막집

귀틀집이라고도 해요. 겨울에 눈이 많이 오는 울릉도에서는 전통적으로 투막집을 지었어요. 투막집은 눈이나 비가 집 안으로 들이치는 것을 막을 수 있게 한 집이에요. 지붕의 처마를 따라 안쪽에 여러 개의 기둥을 세우고, 억새로 이엉을 엮어 벽을 둘러쳤는데, 이를 '우데기'라고 해요. 또 바깥쪽에도 풀이나 짚으로 우데기 벽을 만들어 눈이나 비가 안으로 들어오지 못하게 했어요.

우리 조상들의 집짓기!

1. 집을 지을 땐 집터와 방향이 우선!

우리 조상들은 집을 지을 때 집터와 방향을 아주 중요하게 생각했단다.
우선 무더운 여름과 추운 겨울의 날씨를 모두 견딜 수 있는 곳을 집터로 골랐어. 또 여름엔 시원하고 겨울엔 찬바람을 막을 수 있게 집 뒤에는 산이 있어야 했지.
농사를 짓고 살았기 때문에 물도 쉽게 구할 수 있는 곳이어야 했어. 그런 다음 집 안이 밝고 햇빛이 잘 들 수 있게 남쪽을 향해 집을 지었단다.

2. 지방마다 다른 집 모양

우리나라의 전통집은 지방에 따라 모양이 서로 달랐어. 경상도와 전라도 등 남부 지방은 여름철이 무덥고 습기가 많아 바람이 잘 통하도록 집을 지었어. 방과 방 사이에 넓은 마루가 있고, 창문과 방문도 무척 많지.
함경도와 강원도 등 겨울에 춥고 눈이 많이 오는 지방에서는 건물이 마당을 둘러싸거나 마루가 없이 방들이 서로 붙어 있게 지었어. 또 방과 부엌 사이에는 정주간(부엌과 방 사이에 벽이 없이 부뚜막과 방바닥을 잇달아 꾸민 곳)을 두어 추운 겨울에는 이곳에서 일할 수 있게 했단다.

3. 온돌과 마루

우리나라 한옥은 다른 나라의 전통집에서는 볼 수 없는 두 가지 특징이 있어. 그것은 바로 온돌과 마루가 있다는 거야. 온돌은 원래 북부 지방에서 추위를 이겨 내기 위해 만든 난방 장치였는데, 방바닥 밑에 넓고 얇은 구들을 놓은 거야. 아궁에서 불을 지필 때 생긴 열이 돌을 데워 방바닥 전체에 퍼지도록 한 거지. 마루는 그 반대로 더운 남부 지방에서 북부지방으로 전해진 거야. 여름철 무더운 날씨를 견디기 위해 방과 방 사이에 바람이 잘 통하도록 나무로 만든 마루를 놓았어.

찾아보기 & 참고한 책들

찾아보기

가

갈대집 47
갓쇼즈쿠리 65~67
게르 35~37
경복궁 19
경주 16
고상 가옥 55
고인돌 10, 11
고카산 65, 66
광둥성 86
국제금융센터 21
그라나다 32
그리스 12, 71~73
그린란드 41
기와집 89, 92
꾸에바 32, 33

나

너와집 94
네덜란드 48
뉴욕 20

다

대만 21
데린쿠유 31
도르도뉴 몽티냐크 9
돌집 94
동굴집 29~33
두바이 21

라

라스코 동굴 벽화 8, 9
러시아 68
런던 19
로마 15
루마가당 53, 55

마

명동대성당 15
몽골 고원 34~36
미국 19, 20, 26, 82, 83, 85

바

바위의 돔 17
바티칸 시국 15
백악관 19
버킹엄 궁전 19
베르사유 궁전 18
베이징 77~79
보로부두르 사원 16
부르즈 칼리파 21
불국사 16
브루나이 50

사

사당 93
사랑채 92, 93
사합원 77~79
산토리니 섬 71~73, 75

서울 8, 15, 19, 20
성 베드로 대성당 15
쇠똥집 23, 25
수마테라바라트 52, 53
스웨덴 44, 45
스페인 8, 32, 74
시라카와고 65, 66

아

아랍에미리트 21
아부심벨 신전 13
아테네 12
안동 88, 90, 91
안채 92, 93
알래스카 41
알베로벨로 58~63
알타미라 동굴 벽화 8, 9
암사동 선사 주거지 8
암스테르담 48
앙코르 와트 16
야오둥 32, 33
얼음 호텔 44, 45
엘리제 궁전 19
엠파이어 스테이트 빌딩 20
영국 19, 61
예루살렘 17
왕릉 10, 11
우데기 95
울릉도 95
움막집 27
움집 8, 9

워싱턴 19
유카스야르비 44, 45
이글루 41~44
이란 17
이맘 모스크 17
이스라엘 17
이스탄불 14
이스파한 17
이즈바 68
이집트 11, 13
이탈리아 58~60
인도 11
인도네시아 16, 52~55
일본 65~68
잉카 제국 48, 49

자

자바 섬 16
장군촌 10
정주간 95
제주도 94
종묘 12
중국 10, 33, 77~81, 86, 87

차

청와대 19
초가집 89, 94
충효당 92, 93

카

카사레스 74, 75
카이로 11
카파도키아 28~31
캄보디아 16
캄퐁 아예르 50, 51
캐나다 41
코츠월드 61
쿠푸왕 피라미드 11
키바 85

타

타오스 82, 83, 85
타이베이 21
타지마할 11
터키 14, 28~31, 62, 63
토루 86, 87
투막집 95
트룰로 59~63
티티카카 호수 46~49
티피 38, 39

파

파르테논 신전 12, 13
파리 19
푸에블로 83~85
푸젠성 86
프랑스 8, 18
피라미드 10, 11

하

하기아 소피아 성당 14
하란 62, 63
하우스보트 48
하회마을 88, 90, 91
한옥 89~91, 95
합천 16
해인사 16
헝가리 69
호건 26, 27
홀로쾨 69
홍춘 80, 81

〈가우디도 풀지 못한 건축의 수수께끼〉 롬 인터내셔널 지음, 김소영 옮김, 웅진윙스, 2007

〈거침없이 빠져드는 역사 이야기-건축편〉 리나 엮음, 김유경 옮김, 시그마북스, 2007

〈건축이 건들건들〉 마이클 콕스 지음, 오숙은 옮김, 김영사, 1999

〈기자가 본 world city 문화 대기행〉 서울언론인클럽, 2009

〈김석철의 세계건축기행〉 김석철, 창비, 1997

〈러시아 문화예술 천년의 울림〉 이덕형 지음, 성균관대학교 출판부, 2001

〈사진과 그림으로 보는 건축의 역사〉 조너선 글랜시 지음, 강주헌 옮김, 시공사, 2002

〈생명은 끝이 없는 길을 간다〉 데이비드 스즈키·피터 너슨 지음, 김병순 옮김, 모티브 북, 2008

〈세계의 모든 집 이야기〉 올리비에 미뇽 지음, 이효숙 옮김, 상수리, 2008

〈세계의 민속주택〉 폴 올리버 지음, 세진사, 1996

〈세계의 역사마을〉 김광식 지음, 눈빛, 2004

〈세계의 주거문화〉 윤복자 지음, 신광출판사, 2000

〈세계의 주택과 실내 디자인〉 박현옥 외 공저, 광문각, 2002

〈세계 최고를 찾아가는 여행〉 권기왕 지음, 랜덤하우스코리아, 20006

〈세계 최고 문화유산 3〉 허용선 지음, 채우리, 2006

〈세상을 바꾼 건축〉 클라우스 라이홀트·베른하르트 그라프 지음, 이영아 옮김, 예담, 2006(정보도서관)

〈세상을 바꾼 궁전〉 클라우스 라이홀트 지음, 김현우 옮김, 예담, 2006

〈손수 지은 집〉 존 니콜슨 글 그림, 양상현 옮김, 2008

〈죽기 전에 꼭 가봐야 할 여행지 33-세계편〉 권기왕 지음, 랜덤하우스코리아, 2004

〈중국 풍속기행〉 치우환싱 지음, 남종진 옮김, 프리미엄북스, 2000

〈의식주로 보는 지구촌 풍속기행〉 김성은·김현숙 지음, 산하, 1997

〈재주 많은 집, 머리 좋은 빌딩〉 청동말굽 지음, 어린이중앙, 2003

〈집들이 어떻게 하늘 높이 올라갔나〉 수잔나 파르취 지음, 홍진경 옮김, 현암사, 2000

〈집 이야기〉 김기석 지음, 대원사, 1995

〈집, 6000년 인류 주거의 역사〉 노버트 쉐나우어 지음, 김연홍 옮김, 다우출판사, 2004

〈클라시커 50 서양건축〉 롤프 H. 요한젠 지음, 안인희 옮김, 해냄, 2003

〈행복을 짓는 건축 세상〉 김석철 지음, 주니어랜덤, 2006